4차 개정판

어린이

훈민정음

기초 문법

띄어쓰기

발음

4-2

맞춤법

4차 개정판 어린이 훈민정음

독서	**생각을 나누며 책을 읽어요** ··	5

책 · 동화 · 같은 글자로 끝나는 말 · 무슨 낱말일까요? · 낱말 뜻풀이 · 같은 소리, 다른 뜻

1과	**비교하며 읽어요(1)** ··	12

어떤 물건일까요? · 결혼 · 경제 · 꾸며 주는 말 · 누구일까요? · 어디일까요?
같은 소리, 다른 뜻 · 십자말풀이

2과	**비교하며 읽어요(2)** ··	22

외래어 · 몸 · 무슨 낱말일까요? · 말 · 반대말 · '낫다'와 '낳다' · 쌀 · 낱말 뜻풀이 · 원고지 쓰기

3과	**우리말 우리글(1)** ··	32

어디일까요? · 외국에서 들어와 쓰이는 말 · 자음자와 모음자 · 같은 소리, 다른 뜻 · 무슨 뜻일까요?
비슷한말, 반대말 · 수량을 나타내는 말 · 바르게 쓰기

4과	**우리말 우리글(2)** ··	41

그림 보고 낱말 맞히기 · 무슨 낱말일까요? · 낱말 뜻풀이 · 바꾸어 쓰기 · 다의어 · 누구일까요?
글쓰기 · 원고지 쓰기

5과	**의견을 모아서(1)** ··	50

무엇일까요? · 같은 글자로 끝나는 말 · 비슷한말, 반대말 · '배다'와 '베다' · 다의어 · 꾸며 주는 말
같은 모양, 다른 뜻 · 십자말풀이

6과	**의견을 모아서(2)** ··	58

장소 · 끝말잇기 · 무슨 낱말일까요? · 낱말 뜻풀이 · 바꾸어 쓰기 · 준말 · 원고지 쓰기

매체	**자료를 활용하여 발표해요** **66**

자동차 · 한반도 · 무슨 낱말일까요?

7과	**책 속의 길을 따라(1)** **70**

그림 보고 낱말 맞히기 · 끝말잇기 · 흉내 내는 말 · 무슨 뜻일까요? · 같은 소리, 다른 뜻 · 병원
비슷한말 · 움직임을 나타내는 말 · 바르게 쓰기

8과	**책 속의 길을 따라(2)** **79**

폐자전거 · '데다'와 '대다' · 감정을 나타내는 말 · 무슨 낱말일까요? · 꾸며 주는 말 · 반대말
낱말 뜻풀이 · 원고지 쓰기

9과	**오가는 마음(1)** **88**

온라인 대화 · 움직임을 나타내는 말 · 무슨 낱말일까요? · 전통 음식 · 비슷한말, 반대말
'붙이다'와 '부치다' · 십자말풀이

10과	**오가는 마음(2)** **96**

옛날 물건 · 누구일까요? · 편지 · 편지와 높임말 · 꾸며 주는 말 · 같은 소리, 다른 뜻 · 원고지 쓰기

11과	**상상의 날개(1)** **104**

무엇일까요? · 끝말잇기 · 무슨 낱말일까요? · 어울리는 말 · 다의어 · 움직임을 나타내는 말
바르게 쓰기

12과	**상상의 날개(2)** **112**

예방 · 누구일까요? · –하다 · 준말 · 꾸며 주는 말 · 비슷한말 · 낱말 뜻풀이 · 원고지 쓰기

부록 · 정답과 해설

" 말이 오르면 나라도 오르고,
말이 내리면 나라도 내리나니라.

문명 강대국은 모두
자국의 문자를 사용한다. "

- 주시경

독서   생각을 나누며 책을 읽어요

1 책

 다음 그림과 설명을 보고 책과 관계있는 낱말을 빈칸에 쓰세요.

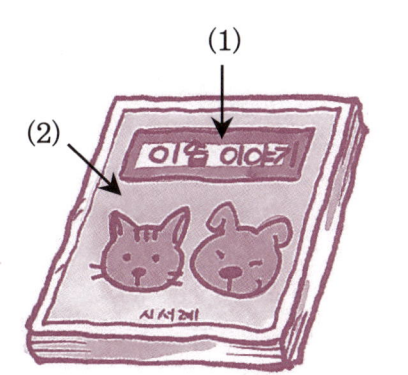

(1) 책, 작품, 보고 등에서, 그것을 대표하거나 내용을 보이기 위하여 붙이는 이름.

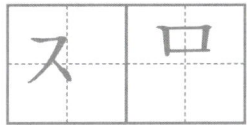

(2) 책의 맨 앞뒤의 겉장.

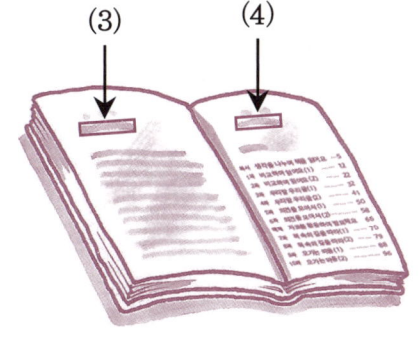

(3) 책 등의 앞부분에 내용이나 목적 등을 짧게 적은 글.

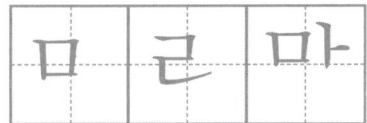

(4) 책의 앞부분에 그 책의 주요 내용 등을 쪽수와 함께 순서대로 늘어놓은 것.

2 동화

✏️ 빈칸에 알맞은 낱말을 넣어 동화와 관계있는 문장을 완성하세요.

(1) ㅈㅈ 가 무엇일지 생각하며 책을 읽어요.

  * 작가가 작품에서 나타내려고 하는 중심 생각.

(2) 그 책에서, 동생이 형을 용서하는 ㅈㅁ 이 기억에 남았어요.

  * 영화, 연극, 소설 등에서 보이는 한 모습.

(3) 책을 다 읽은 뒤에 ㄱㅁ 을 제 마음대로 바꾸어 써 보았어요.

  * 소설, 이야기 등이 마무리되는 부분. 🔵 끝

(4) ㄷㅈ인물 이 하는 말과 행동을 꼼꼼히 살펴봤어요.

  * 연극, 영화, 소설 등에 나오는 인물.

(5) ㅈㅇㄱ 이 다치는 부분을 읽고 마음이 아팠어요.

  * 연극, 영화, 소설 등에서 사건을 이끌어 가는 중심인물. 🔵 주연

3 같은 글자로 끝나는 말

✏️ 설명을 읽고, 앞에 주어진 말을 넣어 알맞은 낱말을 쓰세요.

-감(感)
'느낌'의 뜻을 더하는 말.

(1) 상대방이 믿음이나 의리를 잊거나 어긴 것에 대한 불쾌한 느낌.

| ㅂ | ㅅ | |

(2) 맡아서 해야 할 임무나 의무를 중요하게 느끼는 마음.

| 책 | ㅇ | |

-자(者)
'사람'의 뜻을 더하는 말.

(3) 물건을 사서 쓰는 사람.

| ㅅ | ㅂ | |

(4) 물건을 만들어 내는 사람.

| 재 | ㅅ | |

-적(的)
'그 성격을 띠는'의 뜻을 더하는 말.

(5) 이롭거나 좋다고 여길 만한.

| ㄱ | 정 | |

(6) 오랫동안 반복하여 익숙해져 버린.

| ㅅ | 과 | |

4 무슨 낱말일까요?

✏️ 빈칸에 알맞은 낱말을 넣어 문장을 완성하세요.

(1) 저는 독서 후에 친구들과 책 내용에 대해 [ㅌ][ㅇ]했어요.

* 어떤 문제에 대해 따져 보고 의논함.

(2) 윤희는 지우개를 산 뒤에 그 내용을 용돈 [ㄱ][이][자]에 적었어요.

* 어떤 내용을 쓰는 책이나 공책.

(3) 재호의 [ㅇ][호]도 있었지만 현우는 과자를 사 먹지 않았어요.

* 그럴듯한 말이나 행동으로 정신을 혼란하게 하거나 나쁜 길로 이끎.

(4) 할아버지는 비 피해를 당한 사람들을 위해 큰돈을 [ㄱ][ㅂ]하셨어요.

* 남이나 사회를 돕기 위해 돈이나 물건을 대가 없이 내놓음. 🔁 기증

(5) 민주는 어머니와 함께 은행에 가서 처음으로 [토][ㅈ]을 만들었어요.

* 은행 등에서, 돈이 들어가거나 나간 내용을 적어 주는 책.

(6) 제 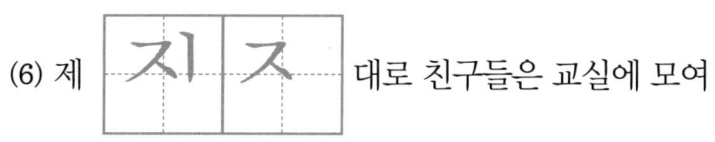 대로 친구들은 교실에 모여 있었어요.

* 일의 상황 등을 미루어 생각함.

(7) 지영이가 피아노 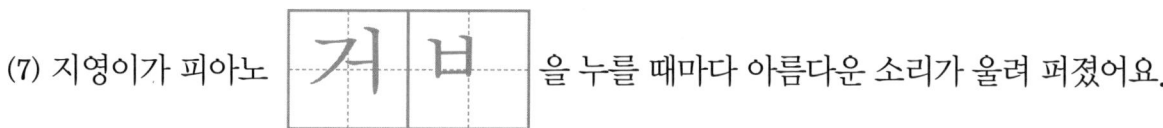 을 누를 때마다 아름다운 소리가 울려 퍼졌어요.

* 피아노 등의 악기에서, 소리를 내기 위해 손가락으로 누르는 부분.

(8) 책을 읽으면서 글쓴이가 그 글을 쓴 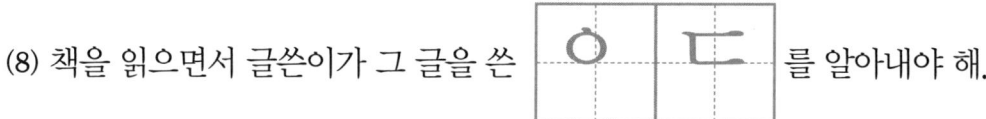 를 알아내야 해.

* 무엇을 하려고 하는 생각이나 계획. ⓓ 목적

(9) 친구들은 저와 지호, 석원이를 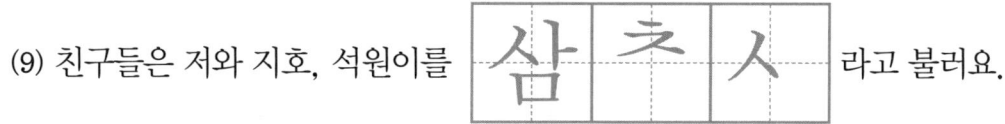 라고 불러요.

* 매우 친하게 지내는 세 사람을 비유적으로 이르는 말.

(10) 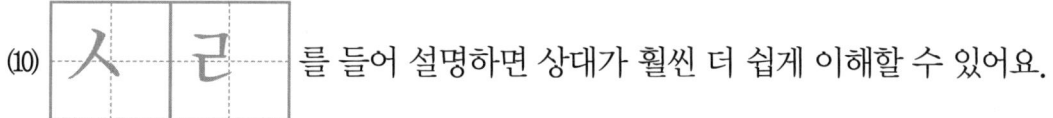 를 들어 설명하면 상대가 훨씬 더 쉽게 이해할 수 있어요.

* 어떤 일이 전에 실제로 일어난 예.

(11) 아버지는 쓰레기를  해서 재활용 상자에 버리셨어요.

* 종류에 따라서 나눔.

5 낱말 뜻풀이

✏️ 빈칸에 알맞은 말을 넣어서 밑줄 친 낱말의 뜻을 풀이하세요.

(1) 수진이는 어제 문구점에 갔다가 필통을 충동구매했어요.

* 충동구매: 어떤 물건을 살 생각이 없이 구경하거나 광고를 보다가 [가 즈 기] 사고 싶어져서 사는 행동.

(2) 삼촌은 수십 번에 이르는 시행착오 끝에 이 물건을 발명하셨어요.

* 시행착오: 어떤 목표를 이루기 위해 실행과 [시 포] 를 되풀이하는 일.

(3) 이 동네는 주말만 되면 사람들로 무척 붐벼요.

* 붐벼요: 일정한 곳에 [마 으] 사람이나 자동차 등이 모여 어지럽게 움직여요.

(4) 논설문을 읽을 때에는 글쓴이의 의견이 타당한지 따져 봐야 해요.

* 타당한지: 상황이나 이치에 맞아 [오 은 지].

(5) 저는 고기 중에서는 돼지고기를 선호해요.

* 선호해요: 여럿 가운데에서 특별히 [조 ㅇ 해요].

6 같은 소리, 다른 뜻

 글자의 모양과 소리는 같지만 뜻이 다른 낱말이 있습니다. 괄호 안에 공통으로 들어갈 낱말을 빈칸에 쓰세요.

(1)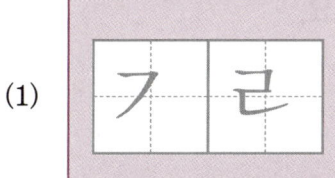
① 이 책에는 생각할 ( )가 많아서 좋아요.
  * 어떤 내용이 될 만한 재료.
② 학교에서 너희 집까지 ( )가 얼마나 될까?
  * 두 물건, 장소 등이 떨어진 길이.

(2)
① 저는 용돈을 처음 받아서 아직 ( )가 어려워요.
  * 시설이나 물건 등을 유지하거나 더 좋게 함.
② 옛날에는 과거에 합격해야 고급 ( )가 될 수 있었어요.
  * 나랏일을 하는 사람.

(3)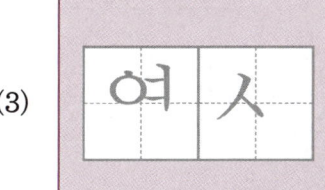
① 규상이는 ( )에 관심이 많아서 책을 많이 읽어요.
  * 인간 사회의 발전과 변화의 과정.
② 기차 출발 시간이 남아서 저희는 ( ) 안을 구경했어요.
  * 역으로 쓰는 건물.

(4)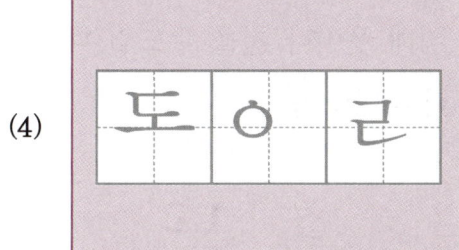
① 민지와 저는 독서 ( )에서 열심히 활동해요.
  * 같은 목적으로 모인 사람들의 단체.
② 동생이 생선의 가운데 ( )를 먹었어요.
  * 크거나 긴 물건을 나누어 말할 때 그중 어느 한 부분.

제 1 과 비교하며 읽어요(1)

1 어떤 물건일까요?

 다음의 그림과 설명을 보고 물건의 이름을 빈칸에 바르게 쓰세요.

(1)    곡식을 가는 데에 쓰는 기구. 둥글넓적한 돌 두 개를 포갠 뒤, 윗돌의 구멍에 곡식을 넣고 손잡이를 돌려서 간다.

ㅁ	도

(2)    바느질할 때에, 불에 대어 뜨겁게 하여 천의 주름을 눌러 없애는 데에 쓰는 기구.

이	드

(3)    부엌일을 할 때에 몸 앞을 가리는 옷.

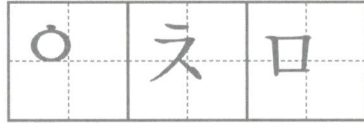

ㅇ	ㅊ	ㅁ

(4)    구김을 펴거나 윤을 내기 위해 옷이나 천을 두드릴 때, 옷감을 감아 두는 데에 쓰는 나무 방망이.

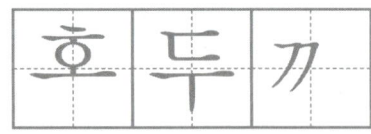

호	두	ㄲ

(5) 흙을 구워서 만든 국그릇이나 밥그릇. 위는 넓고 아래는 좁다.

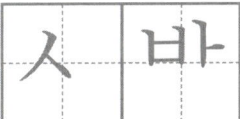

(6) 위는 넓적하고 높이가 낮으며 뚜껑이 없는 그릇. 국이나 물 등을 담는 데에 쓴다.

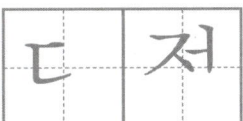

(7) 밥을 푸는 데에 쓰는 도구.

(8) 높이가 낮고, 바닥이 넓고 큰 그릇. 보통 그릇을 받쳐 드는 데에 쓴다.

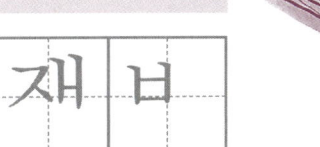

(9) 밥을 짓거나 국 등을 끓이는 데에 쓰는, 아주 크고 우묵한 그릇.

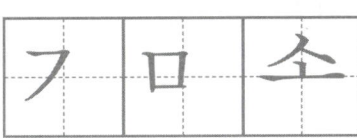

2 결혼

 다음 글 속에 들어갈 낱말을 빈칸에 알맞게 쓰세요.

어머니와 아버지는 12년 전에 결혼하셨어요. 어머니는 아버지께 첫눈에 반하셔서 아버지의 (1) ▢가 되어야겠다고 생각하셨어요. 아버지도 어머니를 많이 좋아하셔서 어머니께 청혼을 하셨죠. 두 분은 결혼하신 뒤에도 (2) ▢이 좋았어요. 그래서 결혼하신 뒤 얼마 지나지 않아 곧바로 어머니께서 (3) ▢을 하셨어요. 어머니는 (4) ▢을 심하게 하셨어요. 그래도 잘 참고 몇 달 뒤에 귀여운 아기를 낳으셨는데, 그게 바로 저예요. 어머니는 아버지의 도움으로 (5) ▢를 잘 마치고 집으로 돌아오셨어요.

(1) 결혼하여 남자와 짝을 이룬 여자.　　　　ㅇㄴ

(2) 부부 사이의 사랑.　　　　ㄱㅅ

(3) 뱃속에 아이를 가짐.　　　　이ㅅ

(4) 아이를 가진 초기에 입맛이 떨어지고 구역질이 나는 증세.　　　　이ㄷ

(5) 허약해진 몸을 보살펴 기운을 회복하는 일.　　　　ㅁㅈㄹ

3 경제

✏️ 빈칸에 경제와 관계있는 낱말을 넣어 문장을 완성하세요.

(1) 아버지는 환경을 지키기 위해 물건을 [저ㅇ] 하세요.

  * 함부로 쓰지 않고 꼭 필요한 데에만 써서 아낌.

(2) 어머니는 여행 [ㅂ요] 을 줄이기 위해 저렴한 숙소를 알아보셨어요.

  * 어떤 일을 하는 데에 드는 돈.

(3) 휴대 전화로 물건값을 [겨ㅈ] 하는 사람이 늘고 있어요.

  * 돈 등을 주고받아 거래를 완료하는 일.

(4) 물건값을 [혀ㄱ] 으로 내는 사람은 줄고 있지요.

  * 정부나 중앙은행에서 만든 지폐, 동전 등을 통틀어 이르는 말.

(5) 할머니는 물건값이 싸다시며 [ㄷㅁ] 시장에서 채소를 사 오셨어요.

  * 물건을 낱개로 팔지 않고 여러 개를 한 단위로 하여 팖.

4 꾸며 주는 말

✏️ 빈칸에 꾸며 주는 말을 알맞게 넣어 문장을 완성하세요.

(1) 자라가 ㅂㄹㅂㄹ 달려갔지만 토끼는 이미 사라졌어요.

　＊ 매우 급하게 서두르는 모양.

(2) 흥부는 뺨에 붙은 밥풀을 ㅎㅈㅈㄱ 떼어 먹었어요.

　＊ 매우 급하거나 당황하여 침착하지 못하고 허둥거리는 모양.

(3) 나무꾼은 도끼를 바위에 ㅂㅅㄷㅎ 기대어 놓았어요.

　＊ 똑바르지 않고 한쪽으로 약간 기운 듯하게.

(4) 사과가 마녀의 바구니에 ㅅㄷㅅㄹ 담겨 있어요.

　＊ 음식이 넉넉하여 먹음직하게.

(5) 이 도자기에는 만든 사람의 정성이 ㅇㄹㅇ 담겨 있어요.

　＊ 모자람이 없이 원래 상태 그대로.

(6) 할머니는 친절하세요. 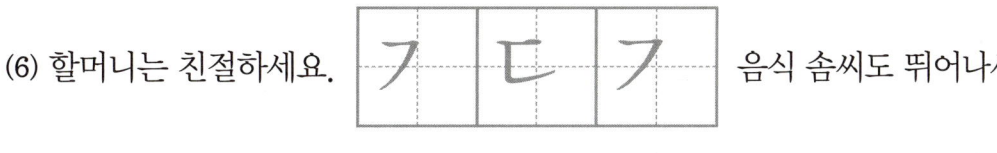 음식 솜씨도 뛰어나세요.

* 그러한 데다가.

(7) 발소리가 들렸어요. 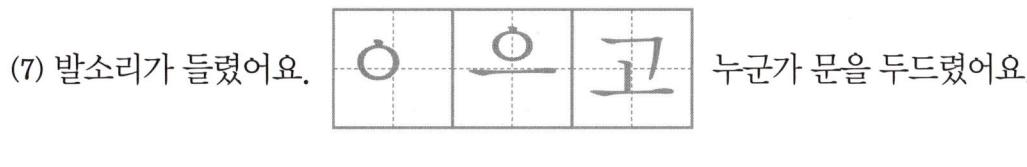 누군가 문을 두드렸어요.

* 얼마쯤 시간이 흐른 뒤에.

(8) 빵집이 문을 닫았다고요? 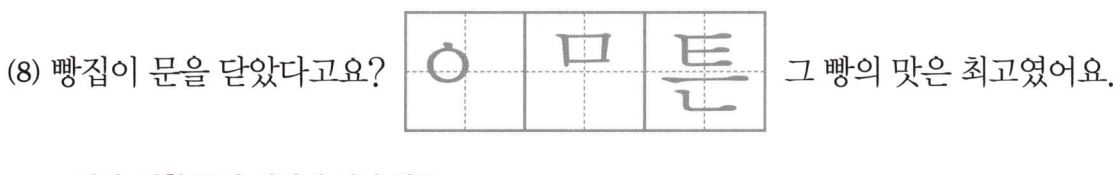 그 빵의 맛은 최고였어요.

* 의견, 상황 등이 어떻게 되어 있든.

(9) 진수는 약속을 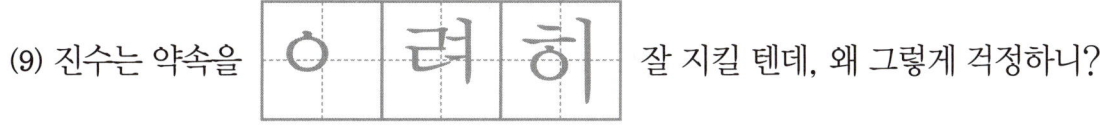 잘 지킬 텐데, 왜 그렇게 걱정하니?

* 따로 걱정하지 않아도 잘될 것이 분명하게.

(10) 문제를 잘 풀었겠지만 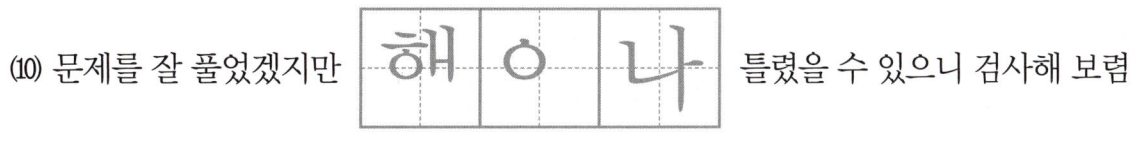 틀렸을 수 있으니 검사해 보렴.

* '어쩌다가 혹시'를 강조하는 말.

(11) 베짱이야, 겨울에는 어쩌려고 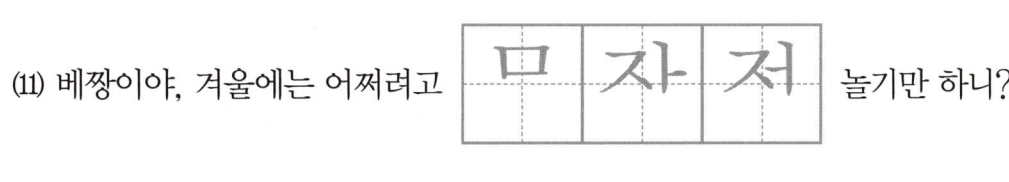 놀기만 하니?

* 어떻게 하겠다고 미리 정한 것 없이.

5 누구일까요?

다음 설명에 어울리는 사람을 빈칸에 쓰세요.

(1) 심청은 그 마을에서 제일 가는 ㅎㄴ 예요.

  * 부모를 잘 모시는 딸.

(2) 할아버지께서 잠드시면 ㅇ저 들이 나타나 구두를 만들어요.

  * 사람과 비슷한 모습을 지녔지만 특별한 능력을 지닌 존재. 주로 서양 전설이나 동화에 등장한다.

(3) ㅋㄷㄹ 아저씨께서 문을 열고 들어오셨어요.

  * 키가 아주 큰 사람을 장난스럽게 이르는 말.

(4) 계단은 ㄱ려충 에게 무척 부담스러워요.

  * 사회에 속한 사람 가운데에서 나이가 꽤 많은 사람을 통틀어 이르는 말.

(5) 아저씨께서 가나ㅇㄱ 를 안고 걸어오셨어요.

  * '태어난 지 얼마 되지 않은 아이'를 귀엽게 이르는 말.

6 어디일까요?

다음 설명에 어울리는 장소를 빈칸에 쓰세요.

(1) 옛날에는 ㅇㅁ 에서 퍼 올린 물로 밥도 짓고, 반찬도 만들었어요.

* 물을 얻기 위해 땅을 파고 물이 고이게 만든 곳.

(2) ㄱㄱ 에 가면 한복을 입은 외국인들을 쉽게 볼 수 있어요.

* 옛날에 쓰던 궁궐.

(3) 아버지는 ㅂ도사 에서 서류에 도장을 찍으셨어요.

* '공인 중개사 사무소(땅이나 건물 등을 팔거나 빌리는 등의 일을 돕는 곳)'를 흔히 이르는 말.

(4) 주말이면 많은 사람이 과ㄱㅈ 로 모여들어요.

* 경치가 뛰어나거나 문화유산 등이 있어 구경하고 즐길 만한 곳.

(5) 이 교실이 너희의 ㅂㄱㅈ리 가 되면 좋겠구나.

* 지내기에 매우 포근하고 편한 곳을 비유적으로 이르는 말.

7 같은 소리, 다른 뜻

 글자의 모양과 소리는 같지만 뜻이 다른 낱말이 있습니다. 괄호 안에 공통으로 들어갈 낱말을 빈칸에 쓰세요.

(1)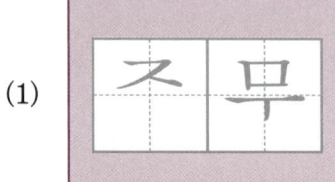
① 어머니는 손님의 (　　)을 받아 음식을 만드셨어요.
  * 물건을 만들거나 가져다주는 것, 서비스를 제공하는 것 등을 요구함.
② "나와라, 소금!" 하고 (　　)을 외치자 소금이 쏟아졌어요.
  * 어떤 일이 이루어지기를 바라며 외우는 말.

(2)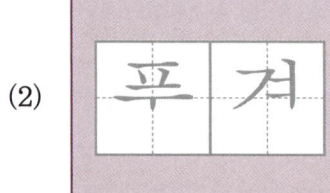
① 바람이 불자 (　　) 소리가 딸랑딸랑 들려왔어요.
  * 지붕 끝부분에 다는 작은 종.
② 산꼭대기에서 내려다본 (　　)이 무척 아름다웠어요.
  * 산, 들, 강, 바다 등의 자연이나 지역의 모습.

(3)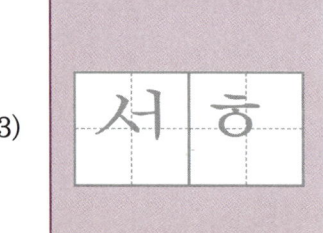
① 동생의 (　　)에 어머니는 어쩔 수 없이 사탕을 주셨어요.
  * 몹시 귀찮게 조르는 일.
② 유명한 축구 선수가 (　　)를 들고 경기장에 들어섰어요.
  * 올림픽 등의 규모가 큰 체육 경기에서, 경기장에 켜 놓는 횃불.

(4)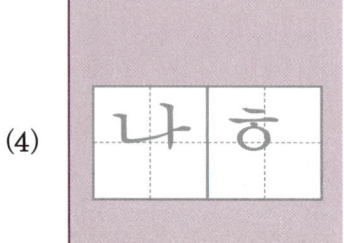
① 화가는 나무판을 살짝살짝 태우며 (　　)를 그렸어요.
  * 나무 등의 표면을 인두로 지져서 그린 그림.
② 어젯밤에 비가 세차게 내려서 거리에 (　　)가 쌓였어요.
  * 떨어진 꽃.

8 십자말풀이

 가로 열쇠와 세로 열쇠를 잘 읽고, 빈칸을 채우세요.

	(1)		(6) 용		물
(2)			중		
			(7)	(8)	
(3)	(4)				
	(5)				

가로 열쇠

(1) 쓸모없는 물건이나 사람.

(2) 암컷은 동물의 피를 빨고, 수컷은 나무 속 액체를 빨아 먹는 곤충. 사람에게 위험한 질병을 옮기기도 한다.

(3) 끈이나 띠 모양의 물건을 통틀어 이르는 외래어. 주로 물건을 장식하는 데에 쓴다.

(5) 물건을 얹어 두기 위해 벽에 달아 놓는 널빤지.

(7) 전날 마신 술의 기운을 풀어 없앰.

세로 열쇠

(1) 전쟁이나 싸움에서 사용되는 기구를 통틀어 이르는 말.

(2) 물체의 면과 면이 만나 이루는 선.

(4) 경기나 대회 등에서, 우승자를 결정하는 마지막 단계. 🔴 결선 🔵 예선

(6) 유럽, 아시아, 아프리카 세 대륙에 둘러싸인 바다. 주변에 스페인, 이탈리아, 터키, 이집트, 리비아 등이 있다.

(8) 좋거나 잘하는 점. 🔵 단점

제 2 과 비교하며 읽어요(2)

1 외래어

 다음 그림과 설명을 보고 외래어(외국에서 들어와 쓰이는 낱말)를 빈칸에 바르게 쓰세요.

(1)  가슴과 옷 사이의 틈이 넉넉해서 입고 활동하기 좋게 만든 서양식 겉옷.

｜ 저 ｜ 프 ｜

(2)  다리를 마음대로 움직일 수 없는 사람이 앉은 채로 이동할 수 있도록 바퀴를 단 의자.

｜ ㅎ ｜ ㅊ ｜ ㅇ ｜

(3)  챙(햇볕을 가리는 부분)이 없고 둥글납작하게 생긴 모자.

｜ ㅂ ｜ ㄹ ｜ 모 ｜

(4)  대사 없이 음악에 맞추어 춤으로 이야기를 진행하는 서양 무용극 예술의 여자 무용수.

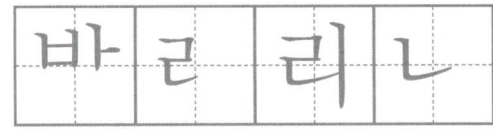
｜ 바 ｜ ㄹ ｜ 리 ｜ ㄴ ｜

2 몸

 다음 설명을 읽고 몸과 관계있는 낱말을 빈칸에 알맞게 쓰세요.

(1) 안개가 너무 많이 끼어서 [　|코|앞] 도 안 보였어요.

 * 코의 바로 앞이라는 뜻으로, 아주 가까운 곳을 이르는 말.

(2) 현수는 동생의 [　|손|기]이 닿을 만한 곳에 선물을 놓아두었어요.

 * 눈이 가는 곳. 또는 눈으로 보는 방향.

(3) 정호는 [　|뒤|덜|미]를 긁적이며 윤영이에게 사과했어요.

 * 목의 뒤쪽 부분과 그 아래 근처.

(4) 상한 음식을 먹으면 [　|배|앓|이]를 할 수 있으니 조심해야 해요.

 * 배에 탈이 나서 아픔을 느끼는 일.

(5) 민기는 바지가 큰지 [　|　|허|춤]을 추켜올렸어요.

 * 바지나 치마처럼 허리가 있는 옷의 허리 안쪽.

제 2 과 비교하며 읽어요(2)

3 무슨 낱말일까요?

✏️ 빈칸에 알맞은 낱말을 넣어 문장을 완성하세요.

(1) 영은이는 [ㅅ]를 듬뿍 넣어 만두를 크게 만들었어요.

　＊ 송편이나 만두 등을 만들 때, 맛을 내기 위해 익히기 전에 속에 넣는 여러 가지 재료.

(2) 여우는 동물들 앞에서 [ㄷㄷ하게] 명령했어요.

　＊ 잘난 척하며 건방지게.

(3) 뛰어난 우리 문화를 보면 한국인이라는 [ㅈㄱㅅ]을 가지게 돼요.

　＊ 자신이 스스로의 능력을 믿어 가지는 당당한 마음.

(4) 할아버지는 [ㅅ　ㄷ]에서 조상께 제사를 올리셨어요.

　＊ 조상의 신주(죽은 사람의 이름을 적은 나무 조각)를 모셔 놓는 건물.

(5) 부모님은 새로 산 차 앞에서 [ㄱㅅ]를 지내셨어요.

　＊ 나쁜 운은 없어지고 행운이 오도록 신에게 음식을 차려 놓고 비는 제사.

⑹ 옛날 사람들은 　애　 을 막기 위해 붉은색 음식을 먹고는 했어요.

* 고약하고 나쁜 운수.

⑺ 할머니께서 팥을 삶아 놓으신 물에 　앙　그　 이 가라앉았어요.

* 액체의 바닥에 가라앉은 가루 모양의 물질.

⑻ 어머니께서 이 가게를 　이　ㅅ　 하여 꽃집을 열기로 하셨어요.

* 물건이나 권리를 건네받음.

⑼ 그런 　야　ㅇ　ㅅ　 는 나에게 안 통하지!

* 속이 훤히 들여다보이는, 수준이 낮은 꾀.

⑽ 할머니, 김치를 이렇게 맛있게 만드시는 　ㅂ　겨　 이 뭐예요?

* 세상에 알려져 있지 않은 자기만의 뛰어난 방법.

⑾ 공공장소에서 사람이 없이 정보를 알려 주거나 주문을 받는 기계를 　ㅁ　인　　　아　ㄴ　기　 라고 해요.

제 **2** 과 비교하며 읽어요(2) 25

4 말

✏️ 다음 설명을 읽고 말과 관계있는 낱말을 빈칸에 쓰세요.

(1) 처음 만난 친구와 단둘이 있으니 치 ㅁ 만 흘렀어요.

* 아무 말도 없이 조용히 있는 상태.

(2) 저는 '공든 탑이 무너지랴'라는 소 ㄷ 을 가장 좋아해요.

* 옛날부터 전해 내려오는, 삶의 교훈을 담은 말.

(3) 스마트폰이 ㅌ 여 을 해 주니 외국에 나가도 두렵지 않아요.

* 다른 언어를 쓰는 사람들 사이에서, 서로의 말을 알아듣게 전달해 줌.

(4) 친구의 ㅈ 저 을 받은 현주는 오후 내내 시무룩해 있었어요.

* 잘못이나 실수 등을 드러내어 말함.

(5) 아버지는 거짓말이 제일 나쁘다고 이 ㅂ ㄹ 처럼 말씀하세요.

* 많이 써서 습관처럼 하는 말하기 태도.

5 반대말

✏️ 밑줄 친 낱말의 반대말을 빈칸에 쓰세요.

(1) 초등학교 저학년 때에는 혼자서 할 수 있는 일이 별로 없었어요.
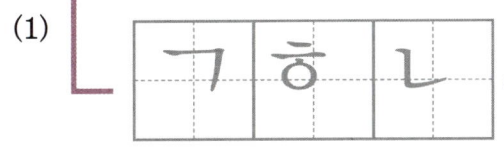 이 되니까 부모님을 도와드릴 수 있어서 좋아요.

(2) 문을 열고 들어서자 방 안의 온기가 느껴졌어요.
문틈으로  가 들어오고 있어요.

(3) 저는 제 삶의 목표를 뚜렷하게 정했어요.
 라도 꿈을 정하는 게 좋아요.

(4) 지구의 북쪽에서, 낮이 가장 길고 밤이 가장 짧은 날을 '하지'라고 불러요.
반대로, 낮이 가장 짧고 밤이 가장 긴 날은 ''예요.

(5) 팥쥐는 화려한 옷을 입고 잔칫집에 갔어요.
콩쥐는 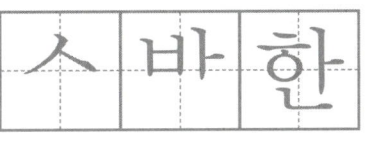 차림으로 집에서 일하고 있었어요.

6 '낫다'과 '낳다'

 모양과 소리는 비슷하지만 뜻이 다른 낱말이 있어요. 알맞은 낱말에 동그라미 하세요.

> 낫다 : 무엇이 다른 것보다 좋거나 앞서 있다.
>
> 낳다 : 뱃속의 아이, 새끼, 알을 몸 밖으로 내놓다.

(1) 네 지우개가 내 것보다 훨씬 (낫다 / 낳다).

(2) 저희 집 고양이는 새끼를 한 마리도 (낫지 / 낳지) 않았어요.

> 좇다 : 어떤 목적을 이루려고 애쓰다.
>
> 쫓다 : 어떤 대상을 잡거나 만나기 위해 뒤를 급히 따르다.

(3) 사냥꾼은 사슴을 (좇아 / 쫓아) 이 숲에 들어왔어요.

(4) 우리는 돈보다는 꿈을 (좇으며 / 쫓으며) 살아야 해요.

> 담다 : 어떤 물건을 그릇 등에 넣다.
>
> 담그다 : 김치, 장 등의 재료를 뒤섞어 만들다.

(5) 김장을 함께 (담기 / 담그기) 위해 친척 어른들께서 저희 집에 모이셨어요.

(6) 어머니께서 책을 상자에 (담아 / 담가) 주셨어요.

7 쌀

 다음 설명을 읽고 쌀과 관계있는 낱말을 빈칸에 쓰세요.

(1) 부피의 단위. 곡식, 가루, 액체 등의 부피를 잴 때 쓴다. **예** 섬

(2) 곡식을 물에 오래 끓여 알갱이를 부드럽게 만든 음식.

(3) 익혔을 때 끈끈한 성질이 적은 쌀.

(4) 익혔을 때 끈끈한 성질이 많은 쌀.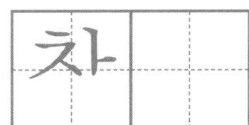

(5) 그해에 새로 난 쌀.

(6) 절에나 죽은 사람의 영혼에게 바치기 위해 쓰는 쌀.

8 낱말 뜻풀이

✏️ 빈칸에 알맞은 말을 넣어서 밑줄 친 낱말의 뜻을 풀이하세요.

(1) 어머니는 아픈 너를 위해 새벽부터 죽을 쑤고 계셨어.

* 쑤고: 곡식의 알이나 가루를 물에 ┌──┬──┐ 익혀서 죽, 메주 등을 만들고.
│끓│여│
└──┴──┘

(2) 할아버지는 논에서 바람에 일렁이는 벼들을 한참 바라보셨어요.

* 일렁이는: 물체가 물결이나 바람에 이리저리 ┌──┬──┬──┬──┐.
│흔│드│ㄹ│는│

(3) 장군은 전투가 멈출 때마다 쪽잠을 청했어요.

* 쪽잠: 짧은 틈을 타서 ┌──┬──┬──┬──┐ 자는 잠.
│부│펴│하│게│

(4) 놀부는 흥부의 부탁을 매정하게 거절했어요.

* 매정하게: 얄미울 정도로 차갑고 ┌──┬──┐ 이 없게.
│이│저│

(5) 종소리가 숲속에 영롱하게 울려 퍼졌어요.

* 영롱하게: 구슬 등이 울리는 소리가 맑고 ┌──┬──┬──┬──┐.
│ㅇ│르│다│게│

9 원고지 쓰기

✏️ 다음 문장을 괄호 안의 횟수만큼 띄워서 원고지에 옮겨 쓰세요.

(1) 십오분정도지나자물이끓었어요. (5)

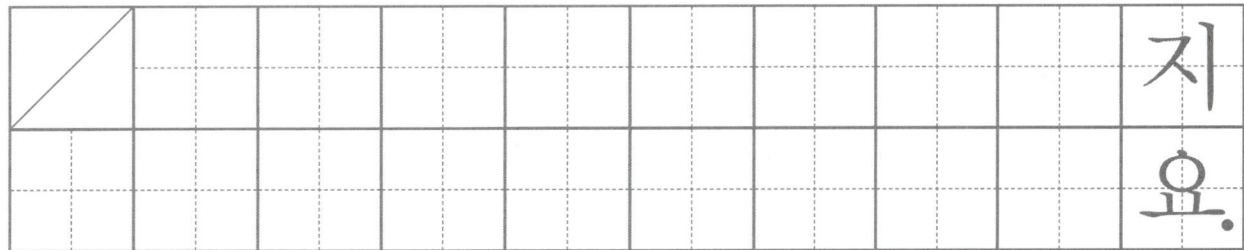

(2) 지우와민정이는떼려야뗄수없는사이예요. (6)

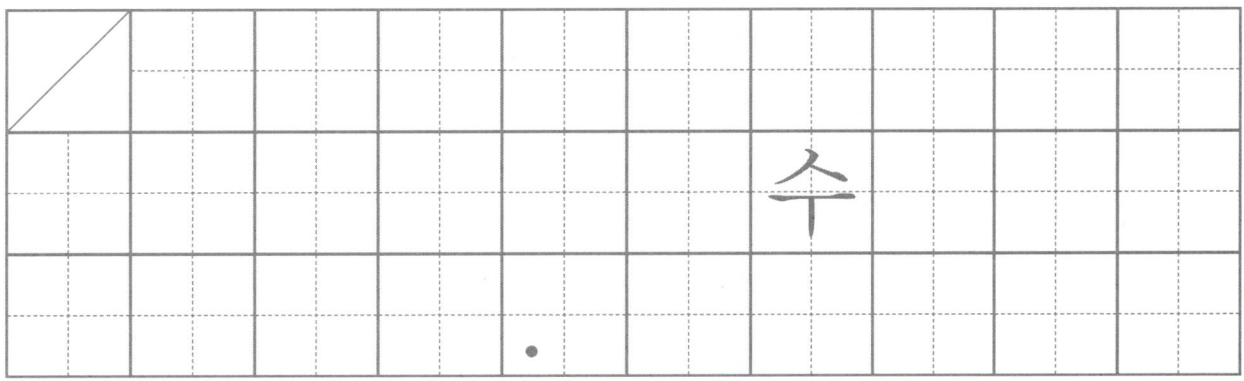

(3) 운동을하면즐거울뿐아니라건강에도도움이돼요. (7)

제 2 과 비교하며 읽어요(2)

제 3 과 우리말 우리글(1)

1 어디일까요?

 다음 그림과 설명에 알맞은 장소를 빈칸에 쓰세요.

(1)

집 안의 앞뒤나 좌우로 가까이 붙어 있는 빈 땅. 주로 꽃이나 나무 등을 가꾼다.

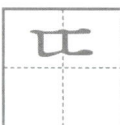
	뜰

(2)

다른 곳보다 물건이 싸고 규모가 큰 상점.

마	트

(3)

강가나 바닷가에 배가 안전하게 드나들고 사람이나 짐이 오르내릴 수 있게 만든 곳.

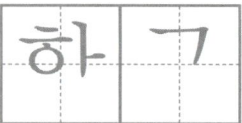
하	구

(4)

자연 현상에 의해서 땅이 넓고 깊게 파여 들어간 곳.

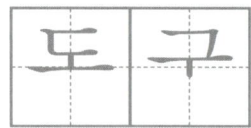
동	구

2 외국에서 들어와 쓰이는 말

✏️ **외국에서 들어와 쓰이는 말을 빈칸에 넣어 문장을 완성하세요.**

(1) 어머니는 외출하시며 식탁 위에 ㅁ ㅁ 를 남겨 두셨어요.

　　* 잊지 않기 위해서나 남에게 전하기 위해서 짤막하게 남긴 글.

(2) 주한이는 새 옷을 산 뒤에 ㅌ ㄱ 를 떼고 입었어요.

　　* 가격 등을 써서 상품에 달아 놓은 종잇조각.

(3) ㅁ 시 ㅈ 로 친구들과 이야기를 나눴어요.

　　* 인터넷에서, 실시간으로 메시지나 정보를 주고받을 수 있는 프로그램.

(4) 내게 좋은 ㅇ ㅇ ㄷ ㅇ 가 있으니 잘 들어 봐.

　　* 어떤 일에 대한 새로운 생각.

(5) ㅇ ㅅ 컬 ㄹ ㅇ 터 가 고장 나서 불편해요.

　　* 사람이 걷지 않고도 위아래 층을 오르내릴 수 있도록 만든 계단 모양의 장치.

3 자음자와 모음자

1. 한글 자음자의 기본 글자는 'ㄱ, ㄴ, ㅁ, ㅅ, ㅇ'입니다. 세종 대왕은 발음 기관의 모양과 움직임을 본떠 기본 글자를 만들었습니다.
   ㄱ: 혀뿌리가 목구멍을 막는 모양, ㄴ: 혀끝이 윗잇몸에 닿는 모양,
   ㅁ: 입의 모양, ㅅ: 이의 모양, ㅇ: 목구멍의 모양
2. 이 기본 글자에 획(글자에서 한 번 그은 줄이나 점)을 더하거나 같은 자를 겹쳐 써서 나머지 자음자도 만들었습니다.

 자음자 만드는 방법을 생각하며, 빈칸에 알맞은 자음자를 쓰세요.

기본 글자	획 더하기
ㄱ	ㅋ

겹쳐 쓰기
ㄲ

기본 글자	획 더하기	
ㅁ	ㅂ	ㅍ

겹쳐 쓰기
(2)

기본 글자	획 더하기	
ㄴ	(1)	ㅌ

겹쳐 쓰기
ㄸ

기본 글자	획 더하기	
ㅅ	(3)	(4)

겹쳐 쓰기	겹쳐 쓰기
ㅆ	ㅉ

예외
ㄹ

기본 글자	획 더하기
(5)	ㅎ

1. 한글 모음자의 기본 글자 'ㆍ, ㅡ, ㅣ'는 아래 표와 같이 만들었습니다.

하늘을 본떠 만든 모음	ㆍ (아래아)
땅을 본떠 만든 모음	ㅡ
사람을 본떠 만든 모음	ㅣ

2. 'ㅡ'나 'ㅣ'에 'ㆍ'를 한 번씩 합쳐 'ㅗ, ㅜ, ㅏ, ㅓ'를 만들었습니다.
3. 이렇게 만들어진 글자에 'ㆍ'를 한 번 더 합쳐 'ㅛ, ㅠ, ㅑ, ㅕ'를 만들었습니다.

 기본 글자 'ㆍ, ㅡ, ㅣ'를 한 번씩 합쳐 모음자를 만들었습니다. 빈칸에 알맞은 모음자를 쓰세요.

ㅣ + ㆍ = ㅏ

(6) ㆍ + ㅣ =

(7) ㆍ + ㅡ =

(8) ㅡ + ㆍ =

위에서 만들어진 모음자에 'ㆍㆍ'를 한 번 더 합쳐 모음자를 만들었습니다. 빈칸에 알맞은 모음자를 쓰세요.

ㅑ = ㅏ + ㆍ

(9) ㅕ = ___ + ㆍ

(10) ___ = ㅗ + ㆍ

(11) ㅠ = ㅜ + ___

제3과 우리말 우리글(1)

4 같은 소리, 다른 뜻

 글자의 모양과 소리는 같지만 뜻이 다른 낱말이 있습니다. 괄호 안에 공통으로 들어갈 낱말을 빈칸에 쓰세요.

(1) | ㄷ | ㄱ |

① 축구 선수라는 꿈을 갖게 된 (　)가 뭐야?
* 어떤 일이나 행동을 하게 만드는 원인이나 기회.

② 저와 민지는 서례 초등학교 입학 (　)예요.
* 같은 해에 같은 학교나 회사에 들어간 사람.

(2) | ㅂ | ㄱ |

① (　)하는 글은 사실을 바탕으로 써야 해요.
* 일에 대한 내용이나 결과를 말이나 글로 알림.

② 사람이 살지 않는 이 섬은 자연의 (　)예요.
* 귀중한 것이 보관되어 있거나 많이 나는 곳을 비유적으로 이르는 말.

(3) | ㅈ | ㅅ |

① 오늘은 (　)가 좋았어요. 길에서 동전을 주웠어요.
* 돈이 생기거나 좋은 일이 있을 운수.

② 형은 (　) 끝에 자신이 원하던 대학교에 입학했어요.
* 한 번 배웠던 교육 과정을 다시 배움.

(4) | ㅂ | 른 |

① 우리는 (　) 언어생활을 해야 해요.
* 말이나 행동이 규칙과 원리에 맞는.

② 장훈이는 얼굴에 로션을 (　) 뒤에 옷을 입었어요.
* 물이나 약, 화장품 등을 물체의 표면에 묻힌.

5 무슨 뜻일까요?

✏️ **밑줄 친 낱말의 뜻을 찾아 번호를 쓰세요.**

(1) 이 가방은 품질이 <u>우수해요</u>. ( )

    ① 여럿 가운데 뛰어나요.

    ② 좋지 않아요.

    ③ 좋지도 않고 나쁘지도 않아 평범해요.

(2) 수미가 왜 그런 말을 했는지 <u>의아해요</u>. ( )

    ① 아주 잘 알겠어요.

    ② 뜻밖이어서 의심스럽고 이상해요.

    ③ 알고 싶어 마음이 몹시 답답하고 안타까워요.

(3) 소방관들이 불을 끄기 위해 <u>신속하게</u> 움직였어요. ( )

    ① 매우 조심스럽게.

    ② 매우 날쌔고 빠르게.

    ③ 질서가 잘 잡혀 조금도 흐트러지지 않게.

(4) 점심을 잔뜩 먹고 의자에 앉으니 온몸이 <u>나른해요</u>. ( )

    ① 무거워 움직이는 게 귀찮아요.

    ② 날아갈 듯 시원하고 상쾌해요.

    ③ 힘이 빠지거나 지쳐서 기운이 없어요.

제 3 과   우리말 우리글(1)

6 비슷한말, 반대말

✏️ 밑줄 친 낱말의 비슷한말이나 반대말을 빈칸에 쓰세요.

(1)
- 경민이는 성격이 좋아서 <u>친구</u>가 많아요.
- 강준이는 저의 오랜 [비] 벗 이에요.

(2)
- 저는 가족들과 경주 여행을 다녀온 <u>감상</u>을 기행문에 적었어요.
- 헤리부터 박물관에 다녀온 [비] 소감 을 발표해 보렴.

(3)
- 할아버지는 다른 나라에서 온 사람을 '<u>이방인</u>'이라고 부르세요.
- 국립 중앙 박물관에 가니 [비] 외국인 관광객들이 많아요.

(4)
- 우리 학교는 운동장을 <u>축소</u>하고 그 자리에 체육관을 새로 짓기로 했어요.
- 이 길은 너무 좁아서 [반] 확장 공사가 필요해요.

(5)
- 누나는 건강에 <u>해로운</u> 음식은 절대 먹지 않아요.
- 이 책에는 제게 매우 [반] 유익한 정보가 담겨 있어요.

7 수량을 나타내는 말

 우리말에는 수량을 나타내는 말이 따로 있습니다. 숫자를 보고 빈칸에 수량을 나타내는 말을 알맞게 쓰세요.

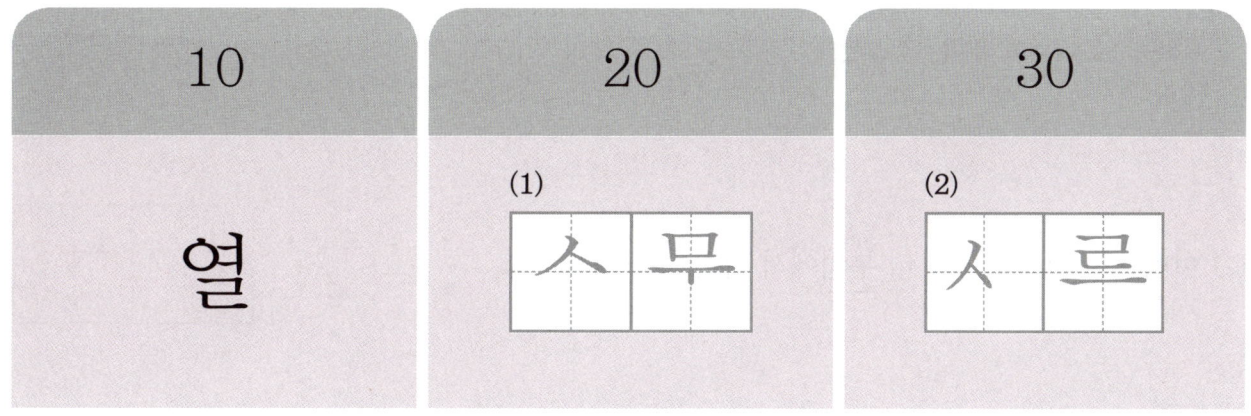

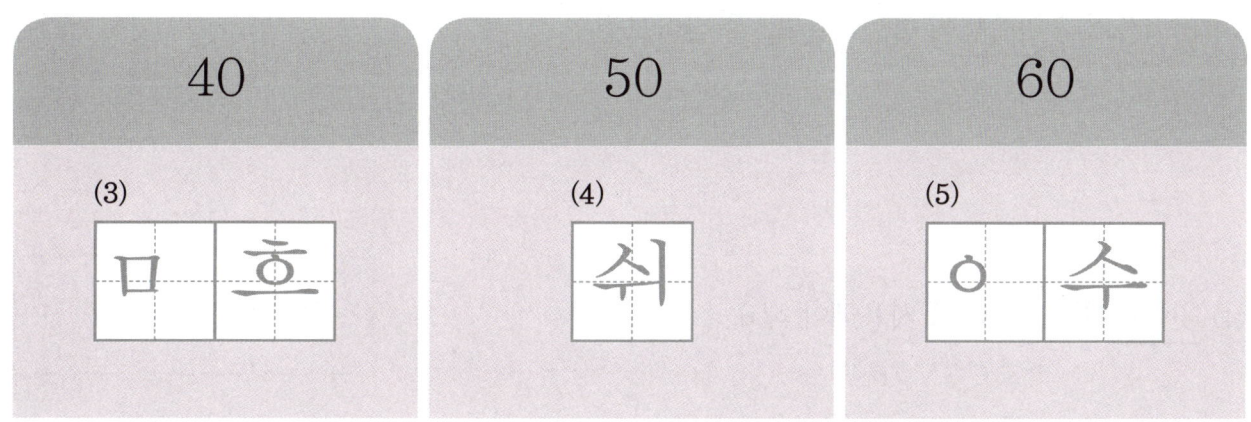

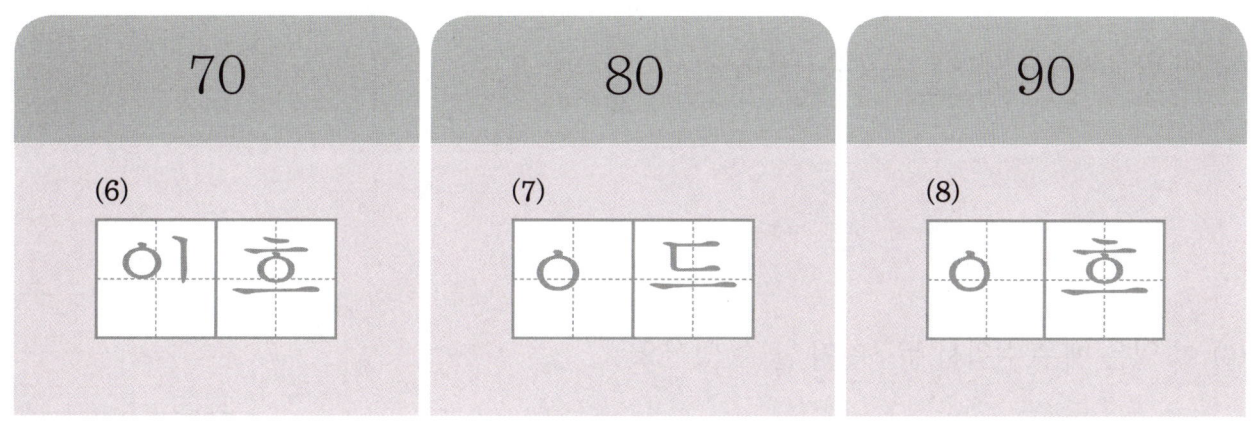

8 바르게 쓰기

✏️ 밑줄 친 낱말을 바르게 고쳐 쓰세요.

(1) 피자 열두 조각 중에서 이 두 조각은 내 <u>목</u>이야.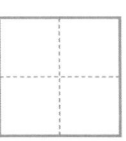

　* 여럿으로 나누어 가지는 각 부분.

(2) 어머니는 아침 일찍부터 <u>부억</u>에서 반찬을 만드셨어요.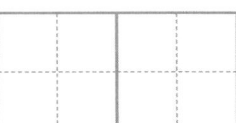

(3) 띄어쓰기나 <u>마춤법</u>이 틀린 부분을 잘 찾아보렴.

(4) <u>윗어른</u>께는 높임말을 사용해야 해요.

(5) 이 박물관에는 <u>빛나는</u> 문화유산들이 전시되어 있어요.

(6) 이 일은 매우 쉬워서 <u>누구던지</u> 할 수 있어요.

제 4 과   우리말 우리글(2)

1 그림 보고 낱말 맞히기

 그림과 설명을 보고 알맞은 낱말을 빈칸에 쓰세요.

(1)    사회에서 일어나는 여러 사건과 소식을 사람들에게 신속하게 전하기 위해 인쇄하여 일정한 기간마다 내는 물건.

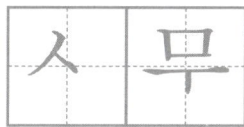

(2)    가게 이름이나 판매 상품 등을 써서 사람들의 눈에 잘 띄도록 걸거나 붙이는 물건.

(3)    건물이나 무덤, 굴 등의 벽에 그린 그림.

(4) 여러 가지 자료를 분석하여 그 관계를 알아보기 쉽게 일정한 그림으로 나타낸 표.

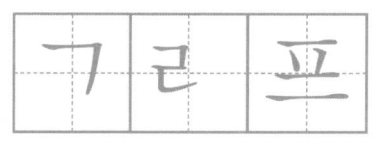

2 무슨 낱말일까요?

 빈칸에 알맞은 낱말을 넣어 문장을 완성하세요.

(1) 아버지는 ┌─┬─┬─┐ 위에 요리 재료를 잔뜩 올려놓으셨어요.
│ㅈ│ㄹ│ㄷ│
└─┴─┴─┘

* 음식 등을 만들 때, 물건을 올려놓는 데에 쓰는 기구.

(2) 재원이는 사고 ┌─┬─┐ 에 있었던 일을 또박또박 말했어요.
│ㄷ│ㅅ│
└─┴─┘

* 일이 있었던 바로 그때.

(3) 친구가 말하는 ┌─┬─┐ 에 끼어들면 안 돼요.
│ㄷ│주│
└─┴─┘

* 일이 계속되고 있는 과정이나 일의 중간.

(4) 가야금은 우리 민족 ┌─┬─┐ 의 악기예요.
│ㄱ│ㅇ│
└─┴─┘

* 원래부터 특별히 가지고 있는 것.

(5) 은비에게는 사람을 끌어들이는 ┌─┬─┐ 이 있어요.
│ㅁ│력│
└─┴─┘

* 사람의 마음을 잡아 끄는 힘.

(6) 우리 학교에서 급식에 대한 설문 을 진행했어요.

   * 조사를 하거나 자료 등을 얻기 위하여 어떤 주제에 대한 문제를 내어 물음.

(7) 미경이는 선생님과의 면담 을 앞두고 잔뜩 긴장한 표정을 지었어요.

   * 서로 만나서 이야기함.

(8) 이 글은 보고서를 쓰는 데에 좋은 참고 자료가 될 것 같아요.

   * 살펴서 도움이 될 만한 재료로 여김.

(9) 남의 말을 오고하지 말아요.

   * 사실과 다르게 해석하지.

(10) 위인전은 사실에 근거하여 작성된 책이에요.

   * 어떤 일이나 의견 등에 그 바탕을 두어.

(11) 할머니는 어려서부터 하소서 식당을 운영하셨어요.

   * 한평생 사는 동안.

제 4 과 우리말 우리글(2) 43

3 낱말 뜻풀이

✏️ **빈칸에 알맞은 말을 넣어서 밑줄 친 낱말의 뜻을 풀이하세요.**

(1) 제가 부른 노래를 <u>녹음</u>을 해서 들어 보니 너무 어색해요.

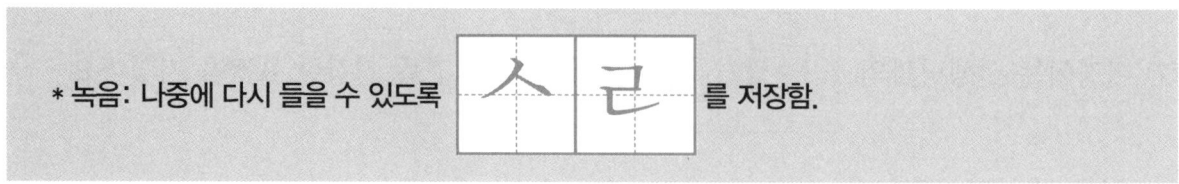
* 녹음: 나중에 다시 들을 수 있도록 　ㅅ　ㄹ　 를 저장함.

(2) 할아버지 농장에는 다양한 <u>푸성귀</u>가 무럭무럭 자라고 있었어요.

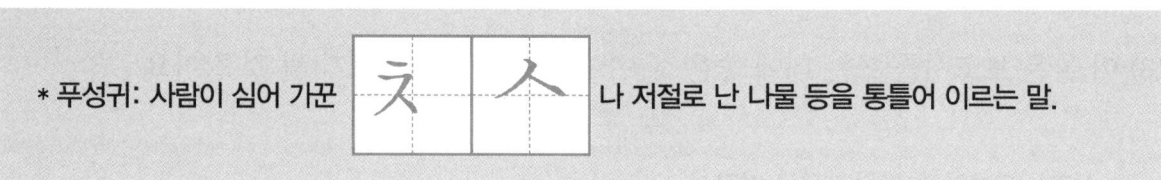
* 푸성귀: 사람이 심어 가꾼 　ㅊ　ㅅ　 나 저절로 난 나물 등을 통틀어 이르는 말.

(3) 삼촌은 <u>일상</u>이 지겹다며 훌쩍 여행을 떠나셨어요.

* 일상: 날마다 　바　보　 되는 생활.

(4) 강아지를 <u>본떠</u> 이 로봇을 만들었어요.

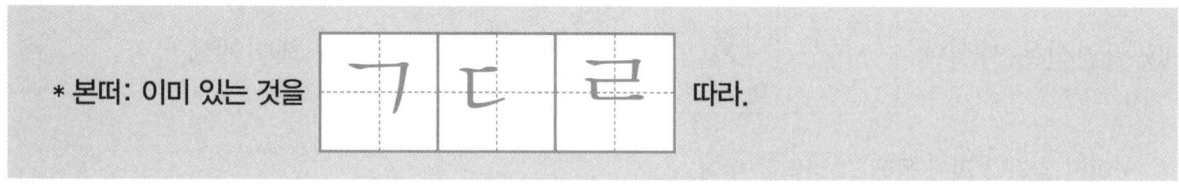
* 본떠: 이미 있는 것을 　ㄱ　ㄷ　ㄹ　 따라.

(5) 지훈이는 무엇이든 <u>과장하여</u> 말하는 버릇이 있어요.

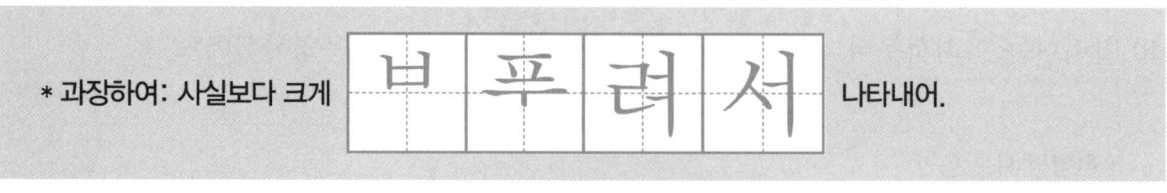
* 과장하여: 사실보다 크게 　바　푸　려　서　 나타내어.

4 바꾸어 쓰기

✏️ **밑줄 친 부분을 한 낱말로 바꾸어 쓰세요.**

(1) 진태는 피곤한지 <u>잇따라 자꾸</u> 입을 벌리고 하품을 했어요.

(2) 거대한 폭포를 보니 자연이 <u>사실에 조금도 어긋남 없이 아주</u> 위대하게 느껴졌어요.

(3) 동생이 리코더를 <u>여러 번 해 보아 서투르지 않게 하여</u> 동요를 연주해 주었어요.

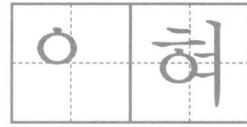

(4) 저는 시간을 <u>아무 보람이나 목적 없이 쓰지</u> 않으려고 노력해요.

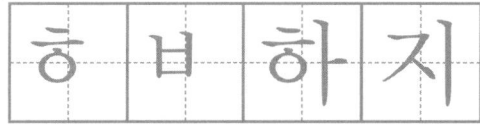

(5) 동수는 은지를 좋아하는 게 <u>틀림이 없이 확실해요</u>.

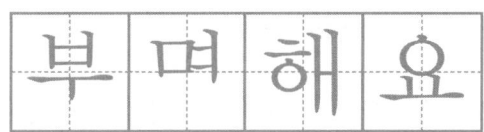

5 다의어

✏️ 뜻을 둘 이상 지닌 낱말을 다의어라고 합니다. 밑줄 친 낱말의 뜻을 찾아 번호를 쓰세요.

| 서투르다 | ① 일 등에 익숙하지 못하다.
② 앞뒤를 따져 보는 꼼꼼함이 없이 어설프다. |

(1) 옆집 존스 아저씨는 서투른 우리말로 반갑게 인사하셨어요. (   )

(2) 서투르게 행동하다가는 크게 다칠 수 있으니 조심해. (   )

| 공식 | ① 국가적이나 사회적으로 인정된 형식이나 방식.
② 계산의 법칙 등을 문자와 기호로 나타낸 식. |

(3) 오늘은 학교의 공식 행사가 있는 날이에요. (   )

(4) 선생님께서 알려 주신 공식대로 풀었더니 문제가 쉽게 느껴졌어요. (   )

| 뿌리 | ① 식물을 떠받치고 땅속에서 물과 영양분을 빨아들이는 기관.
② 다른 물건에 깊숙이 박힌 물건의 밑부분.
③ 사물이나 현상을 이루는 근본을 비유적으로 이르는 말. |

(5) 말뚝이 땅에 깊게 박혀 있어 뿌리까지 뽑아내기가 무척 힘들었어요. (   )

(6) 우리나라와 북한은 같은 뿌리를 가진 국가예요. (   )

(7) 잘 자라는 모습을 보니 이 나무는 뿌리가 역할을 잘하는 것 같아요. (   )

6 누구일까요?

 빈칸에 알맞은 사람을 넣어 문장을 완성하세요.

(1) 옛날에 양반 들은 기와집을 짓고 살 수 있었어요.

  * 고려 · 조선 시대에, 지배층에 속한 사람.

(2) 옆 동네의 어떤 선비 에게 제비가 박 씨를 물어다 주었어요.

  * 옛날에, 학문을 배웠으나 벼슬하지 않은 사람.

(3) 조상 이 남긴 전통을 소중히 여겨야 해요.

  * 지금 사람들보다 먼저 살았던 사람들.

(4) 저는 크면 훌륭한 교사 가 되고 싶어요.

  * 학교에서, 일정한 자격을 가지고 학생을 가르치는 사람.

(5) 아버지는 약을 만드는 회사에서 연구원 으로 일하세요.

  * 어떤 일이나 대상을 파고들어 깊이 조사하는 사람.

(6) 세종 대왕 은 조선의 제4대 왕이에요.

  * 조선 시대에 훈민정음을 만들고, 여러 과학 기구를 만들게 하였으며, 국토를 넓힌 왕.

7 글쓰기

 빈칸에 알맞은 낱말을 넣어 글쓰기와 관련한 문장을 완성하세요.

(1) 은영이는 주제와 어울리는 자료를  했어요.

 * 필요한 재료를 찾아 모음.

(2) 용진이는 글에 들어갈 내용을 직접  했어요.

 * 전체가 조화를 이루도록 부분을 늘어놓음.

(3) 정아는 책을 다 읽고 나서 독서 감상문을 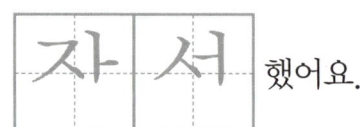 했어요.

 * 서류, 원고 등을 만듦.

(4) 재민이는 자신의 일기에 속담을 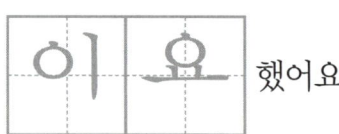 했어요.

 * 남의 말이나 글을 자신의 말이나 글 속에 끌어다 씀.

(5) 지안이는 맞춤법이 틀렸는지 자신이 쓴 글을 꼼꼼히 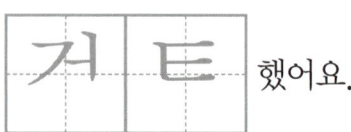 했어요.

 * 어떤 사실이나 내용을 분석하여 따짐.

8 원고지 쓰기

 다음 문장을 괄호 안의 횟수만큼 띄워서 원고지에 옮겨 쓰세요.

(1) 내일은학년별로글짓기대회를해요. (4)

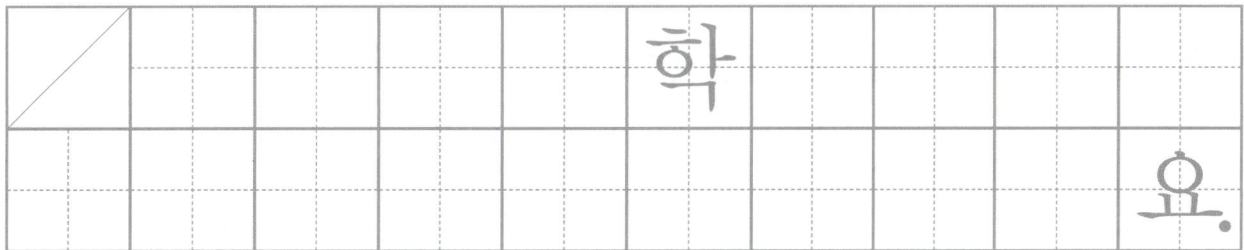

(2) 오늘은정후가태권도를배운지열흘째되는날이에요. (7)

(3) 선미는세달여만에영어로말할수있게되었어요. (8)

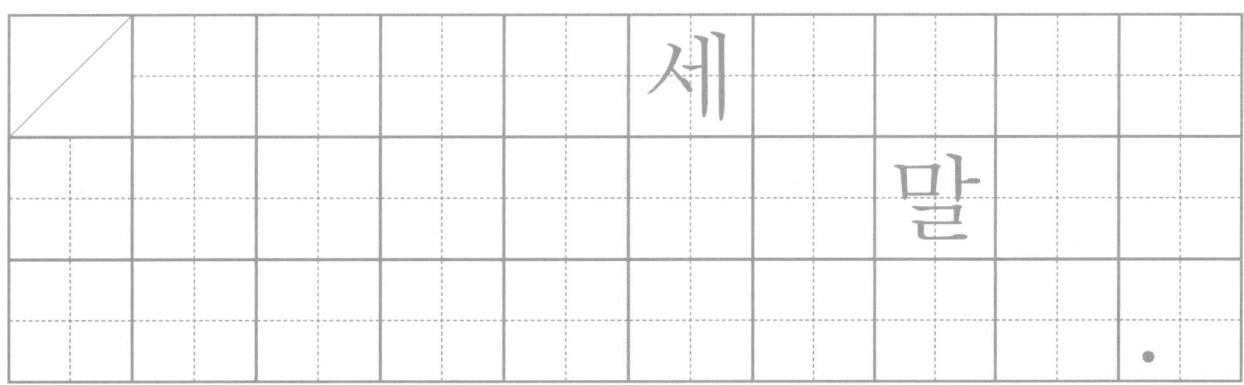

제 5 과 의견을 모아서(1)

1 무엇일까요?

 다음 그림과 설명에 알맞은 낱말을 빈칸에 쓰세요.

(1)    아주 오랜 옛날 지구에 살았던, 거대한 몸집의 파충류를 통틀어 이르는 말.

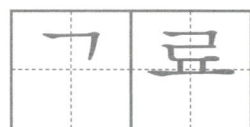

(2)    밖에서 먹을 수 있도록, 작은 그릇에 반찬과 함께 담은 밥.

(3)    서양 요리 중 하나로, 둥근 빵 사이에 다진 고기를 뭉쳐 구운 것과 채소 등을 넣고 양념을 바른 음식.

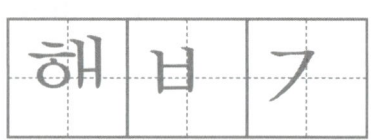

(4)    어떠한 사실을 글이나 그림, 기호 등으로 나타내어 일정한 장소에 세운 판.

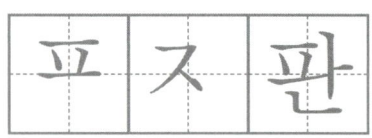

2 같은 글자로 끝나는 말

✏️ 설명을 읽고, 앞에 주어진 말을 넣어 알맞은 낱말을 쓰세요.

−객(客)
'손님'의 뜻을 더하는 말.

(1) 연극, 영화, 운동 경기, 미술품 등을 구경하는 손님.

(2) 오라고 하지 않았는데도 스스로 찾아온 손님.

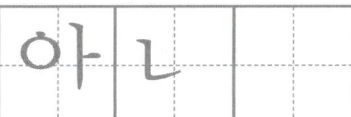

−문(文)
'글'의 뜻을 더하는 말.

(3) 어떤 내용을 소개하여 알려 주는 글.

(4) 여행하면서 보고, 듣고, 느끼고, 겪은 것을 적는 글.

−품(品)
'물품'의 뜻을 더하는 말.

(5) 사람들이 볼 수 있도록 한곳에 늘어놓은 물품.

저ㅅ

(6) 오래되었거나 쉽게 볼 수 없어 매우 귀한 옛 물품.

제5과 의견을 모아서(1)

3 비슷한말, 반대말

 밑줄 친 낱말의 비슷한말이나 반대말을 빈칸에 쓰세요.

(1)
- 방을 청소하는데 동생이 자꾸 방해를 해요.
- 정현이가 [비] ㅎ ㅂ 을 놓는 바람에 그림이 엉망이 되었어요.

(2)
- 글이나 문학 작품을 쓴 사람을 '지은이'라고 해요.
- 이 책의 [비] ㅈ ㅈ 는 저희 삼촌이세요.

(3)
- 내일부터 정문이 폐쇄되어 후문으로 돌아가야 해요.
- 오늘부터 도서관을 [반] ㄱ ㅂ 하니 많이 이용해 주세요.

(4)
- 제 자전거는 옅은 보라색이에요.
- 저기 [반] ㅈ 은 회색 코트를 입은 사람이 제 오빠예요.

(5)
- 이 책은 한국어를 포함한 세계 여러 나라의 언어로 판매될 예정이에요.
- 저를 [반] ㅈ ㅇ 한 모두가 미술 준비물을 잘 챙겨 왔어요.

4 '배다'와 '베다'

 두 낱말의 뜻풀이를 읽고, 알맞은 낱말에 동그라미 하세요.

> 배다 : 물기나 냄새가 어떤 곳에 스며들거나 스며 나오다.
>
> 베다 : 날카로운 부분이 있는 도구 등으로 무엇을 끊거나 자르다.

(1) 농부는 낫으로 풀을 (배어 / 베어) 땅바닥에 차곡차곡 쌓았어요.

(2) 어머니께서 해 주신 불고기에 양념이 잘 (배어 / 베어) 무척 맛있었어요.

> 빈도 : 어떤 일이 되풀이되는 정도나 횟수.
>
> 농도 : 두 가지 이상의 물질이 섞인 액체·기체·고체의 진함과 묽음의 정도.

(3) 학생들 사이에서 외래어를 사용하는 (빈도 / 농도)가 점점 늘고 있어요.

(4) 자동차로 인해 대기 오염 물질의 (빈도 / 농도)가 높아져요.

> 바치다 : 모든 것을 아낌없이 내놓거나 쓰다.
>
> 받치다 : 물건의 밑이나 옆 등에 다른 물체를 대다.

(5) 이순신 장군은 나라를 위하여 목숨을 (바쳐 / 받쳐) 싸웠어요.

(6) 그릇이 많으니 쟁반으로 (바쳐 / 받쳐) 가져가는 게 좋겠어요.

5 다의어

✏️ 뜻을 둘 이상 지닌 낱말을 다의어라고 합니다. 밑줄 친 낱말의 뜻을 찾아 번호를 쓰세요.

| 기울이다 | ① 비스듬하게 한쪽을 낮추거나 삐뚤어지게 하다.
② 정성이나 노력 등을 한곳으로 모으다. |

(1) 세호는 주의를 <u>기울여</u> 선생님의 말씀을 들었어요. ( )

(2) 누나는 물병을 <u>기울여</u> 컵에 물을 따랐어요. ( )

| 떠오르다 | ① 기억이 되살아나거나 좋은 생각이 나다.
② 관심의 대상이 되어 점점 중요하게 나타나다. |

(3) 요즘 친구들 사이에서 이 만화가 이야깃거리로 <u>떠오르고</u> 있어요. ( )

(4) 사진을 보니 당시의 추억이 새록새록 <u>떠오르고</u> 있어요. ( )

| 가볍다 | ① 노력이나 부담 등이 적다.
② 병이나 상처 등이 그다지 심하지 않다.
③ 생각이나 언어, 행동이 침착하지 못하거나 조심성이 없다. |

(5) 우찬이의 <u>가벼운</u> 장난이 윤희를 화나게 했어요. ( )

(6) 저는 매일 저녁에 <u>가벼운</u> 운동을 즐겨요. ( )

(7) 정하는 <u>가벼운</u> 감기 기운을 느껴 일찍 잠자리에 들었어요. ( )

6 꾸며 주는 말

 빈칸에 꾸며 주는 말을 알맞게 넣어 문장을 완성하세요.

(1) 배가 고프니 [우선] 밥부터 먹고 하는 게 어때?

  * 어떤 일에 앞서서.

(2) 천둥 번개가 치더니 비가 [한바탕] 쏟아졌어요.

  * 크게 한 번.

(3) 상자가 커서 무거워 보였지만 [의외로] 가벼웠어요.

  * 생각이나 기대, 예상과 달리. 비 뜻밖에

(4) 다혜는 줄넘기 100회에 도전했으나 [번번이] 실패했어요.

  * 때마다 다.

(5) 우리 팀은 승패와 [상관없이] 서로를 격려했어요.

  * 서로 아무런 관련이 없이.

7 같은 모양, 다른 뜻

 글자의 모양은 같지만 뜻이 다른 낱말이 있습니다. 괄호 안에 공통으로 들어갈 낱말을 빈칸에 쓰세요.

(1) ㅈ ㅎ

① 어머니는 시장에서 (　　)를 잔뜩 사 오셨어요.
　　* 종이, 천, 비닐 등으로 사람이 만든 꽃.

② 우리들의 목소리가 (　　)를 이루어 멋진 노래가 되었어요.
　　* 서로 잘 어울림.

(2) ㅅ ㄱ

① 비행기를 탈 때에는 (　　)에 대비하여 안전띠를 매요.
　　* 뜻밖에 갑자기 일어난 좋지 않은 일.

② 아버지는 제게 항상 논리적으로 (　　)하라고 말씀하셨어요.
　　* 이리저리 따져 깊이 생각함.

(3) ㅈ ㄷ

① 정민아, 이 편지를 예준이에게 (　　)해 줄 수 있어?
　　* 명령, 물건 등을 다른 사람에게 옮겨 줌.

② 연필 가격이 (　　)보다 200원 비싸졌어요.
　　* 이달의 바로 앞의 달.

(4) ㅎ ㄴ

① 산 정상에 오르니 마을이 (　　)에 보여요.
　　* 한꺼번에 보이는 범위.

② 주은이는 (　　)을 팔다가 돌에 걸려 넘어졌어요.
　　* 당연히 봐야 할 곳을 보지 않고 딴 곳을 보는 눈.

8 십자말풀이

 가로 열쇠와 세로 열쇠를 잘 읽고, 빈칸을 채우세요.

(1)			(9) 개	
			(8)	(7)
(2)	(3)			석
	(4) 공	(5)		
		(6) ㅊ		조

가로 열쇠

(1) 예술 작품에서 지은이가 말하고자 하는 것을 나타내기 위해 선택하는 재료.

(2) 무엇을 판단하거나 구별하는 데에 기본이 되는 원칙이나 수준.

(4) 어떤 사실이나 사물, 내용 등을 여러 사람에게 널리 드러냄.

(6) 어떤 분위기나 감정 등이 가장 높은 정도에 이른 상태.

(8) 일주일의 각 날을 이르는 말.

세로 열쇠

(1) 갑자기 세차게 쏟아지다가 곧 그치는 비.

(3) 공사를 다 마침. 🔵 완공

(5) 행사나 모임, 회의 등을 맡아서 엶.

(7) 돌 한 개를 던져 새 두 마리를 잡는다는 뜻으로, 한 번에 두 가지 이득을 봄을 이르는 말. 🔵 일거양득

(9) 간단하게 정리한 주요 내용.

제 6 과 의견을 모아서(2)

1 장소

 다음 설명을 읽고 장소를 나타내는 낱말을 빈칸에 쓰세요.

(1) 건물 안의 긴 통로.

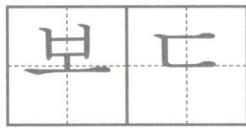

(2) 사람들이 쉴 수 있는 곳. 비 휴식처

(3) 행사를 열거나 많은 사람 앞에서 어떤 내용을 가르칠 때에 쓰는 건물이나 큰 방.

(4) 휴식과 놀이를 위하여 여러 가지 시설을 갖추어 놓은 장소.

(5) 한 건물 안에 여러 집이 살 수 있도록 5층 이상으로 지은 공동 주택.

2 끝말잇기

✏️ 다음 뜻을 보고 알맞은 낱말을 넣어 끝말잇기를 하세요.

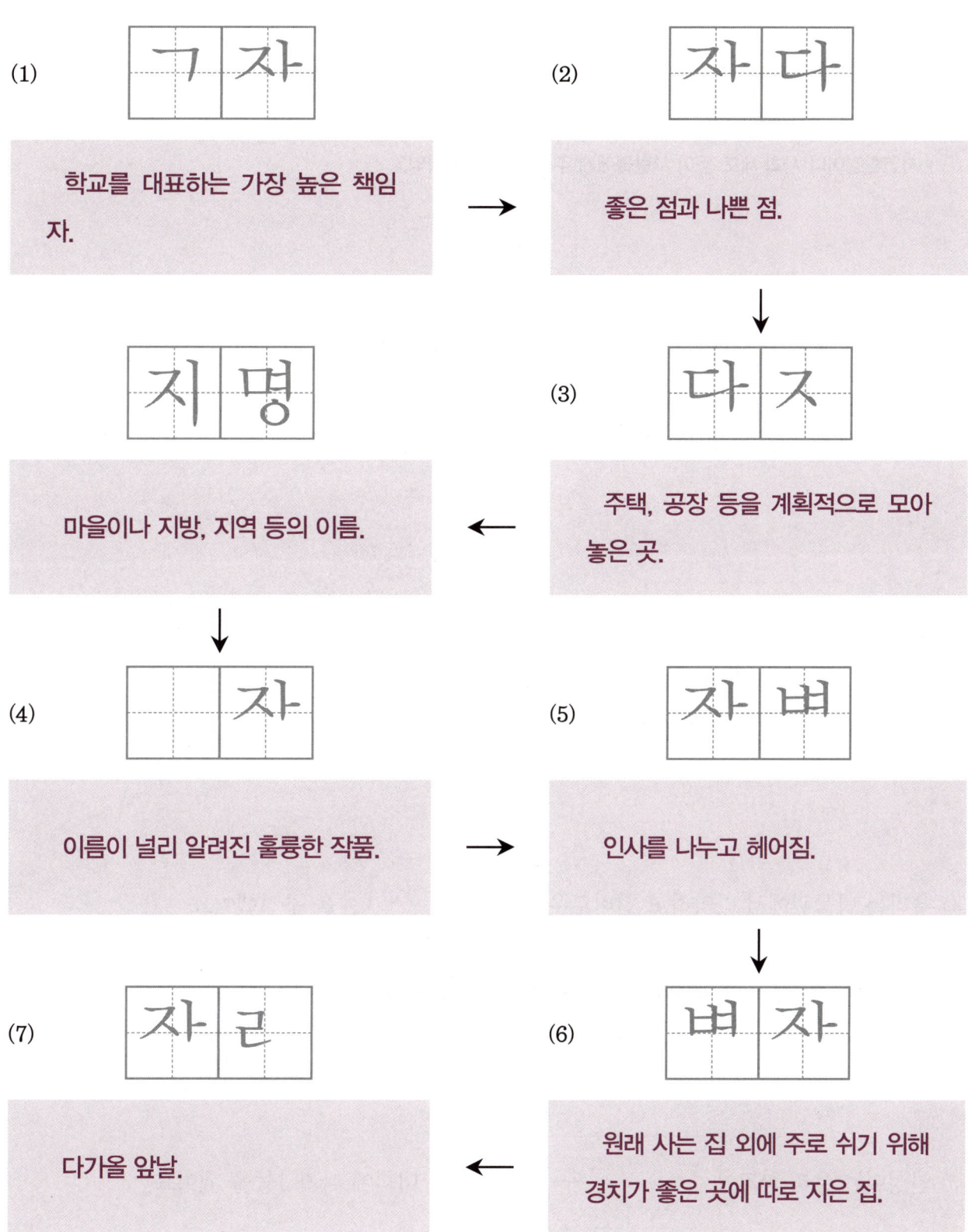

3 무슨 낱말일까요?

 빈칸에 알맞은 낱말을 넣어 문장을 완성하세요.

(1) 우리는 자연의 ㅎ태 을 받으면서도 그 고마움을 잘 몰라요.

* 자연환경이나 사회 제도 등이 사람들에게 주는 도움이나 이익.

(2) 희수는 ㅍㄱ 를 하다가 얼굴에 공을 맞았어요.

* 일정한 구역 안에서 두 편으로 나뉘어 상대방을 공으로 맞히는 운동 경기.

(3) 주연이는 ㅁㅅ 시간에 쓸 붓을 잃어버렸어요.

* 무엇을 만들거나 그려 아름다움을 표현하는 예술.

(4) 우리는 박물관에서 다양하고 신비로운 ㅎㅅ 을 구경했어요.

* 아주 오랜 옛날에 살았던 동식물이나 그 흔적이 땅속에 묻혀 그대로 남아 있는 것.

(5) 인성이는 우리 학교 ㄷㅍ 로 달리기 대회에 나가 1등을 했어요.

* 어느 단체를 대신하여 일을 하거나 의견을 말하는 사람.

(6) 경치가 좋으니 여기에 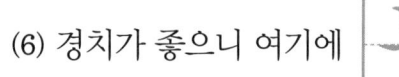 를 깔고 밥을 먹는 게 어때?

　　* 주로 야외에서 앉거나 누울 수 있도록 바닥에 까는 물건.

(7) 산 정상에서 마을을 내려다보니  가 저절로 나왔어요.

　　* 놀람, 부름, 명령 등 강한 느낌을 나타내는 말.

(8) 저는 4학년이 된 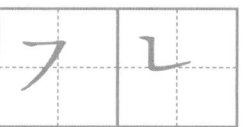 으로 아버지께 자전거를 선물 받았어요.

　　* 뜻깊은 일이나 훌륭한 인물 등을 오래도록 잊지 않고 마음에 간직함.

(9) 올해를 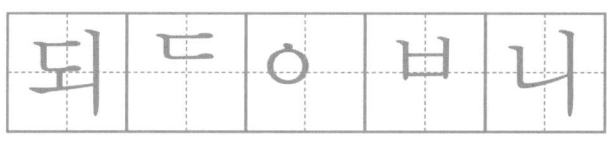 정말 많은 일이 있었네.

　　* 지나온 과정을 다시 생각해 보니.

(10) 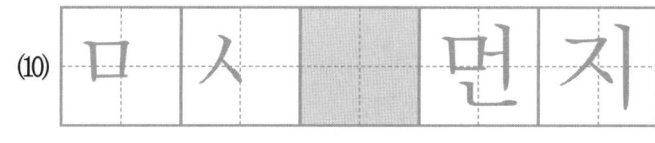 가 심할 때에는 마스크를 꼭 써요.

　　* 눈에 보이지 않을 정도로 매우 작은 먼지.

(11) 이 도시에는 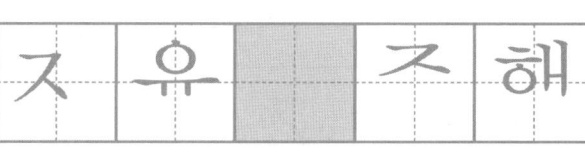 버스가 달려요.

　　* 사람이 직접 운전하지 않고, 차량 스스로 도로에서 달리게 하는 일.

제 **6** 과　의견을 모아서(2)

4 낱말 뜻풀이

 빈칸에 알맞은 말을 넣어서 밑줄 친 낱말의 뜻을 풀이하세요.

(1) 화장실을 다녀온 사이에 라면이 <u>불어</u> 버렸어요.

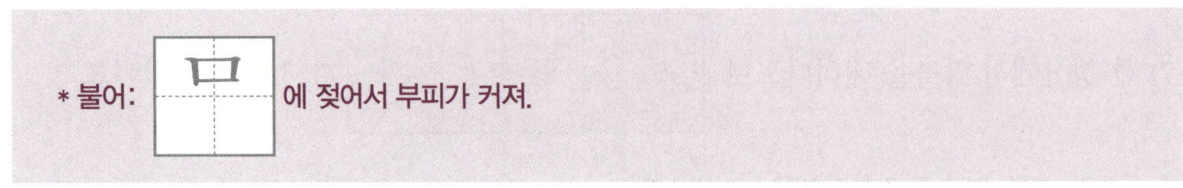

* 불어: ㅁ 에 젖어서 부피가 커져.

(2) 줄넘기 대회에서 1등을 <u>차지한</u> 준섭이가 기쁨의 눈물을 흘렸어요.

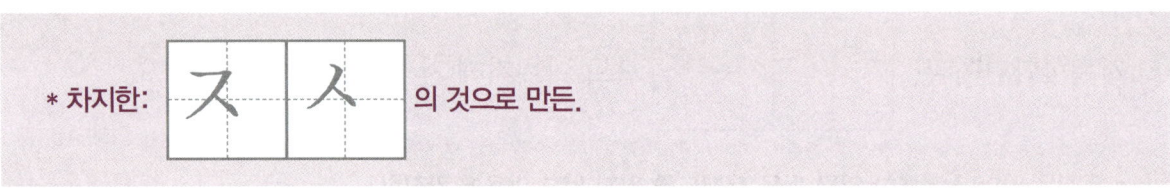

* 차지한: ㅈㅅ 의 것으로 만든.

(3) 이 조림은 매운맛이 강해 생선 <u>본연</u>의 맛이 잘 느껴지지 않아요.

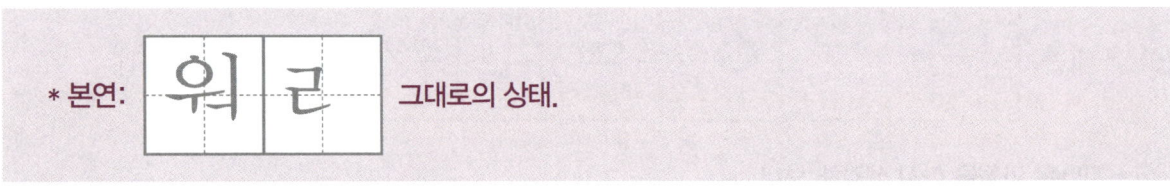

* 본연: 원ㄹ 그대로의 상태.

(4) 모든 일에는 <u>절차</u>가 있는 법이에요.

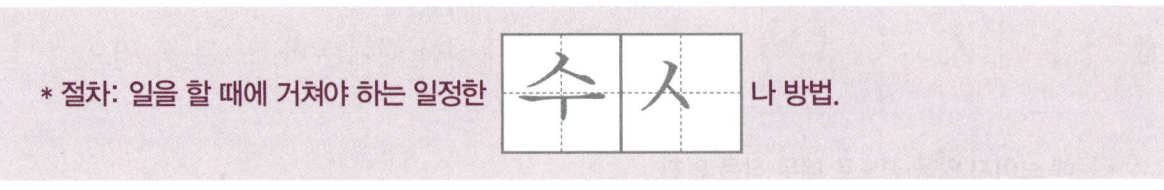

* 절차: 일을 할 때에 거쳐야 하는 일정한 ㅅㅅ 나 방법.

(5) 산신령은 나무꾼에게 도끼를 주고 <u>홀연히</u> 사라졌어요.

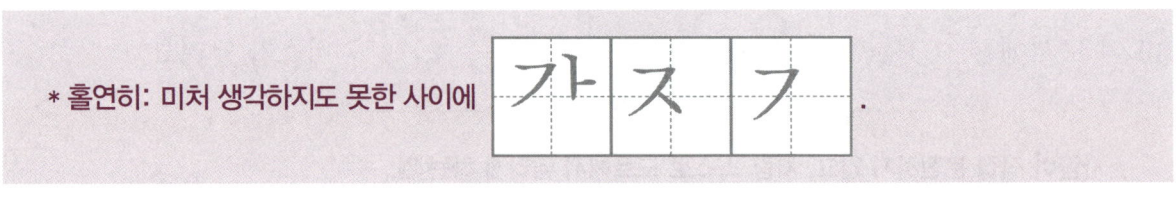

* 홀연히: 미처 생각하지도 못한 사이에 갑ㅈㄱ .

5 바꾸어 쓰기

 밑줄 친 부분을 한 낱말로 바꾸어 쓰세요.

(1) 저는 담임 선생님을 <u>거짓이 없는 진실한 마음</u>으로 존경해요.

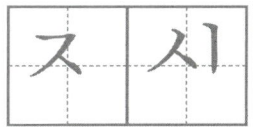

(2) 냉장고를 열어 봐도 <u>조건이나 정도에 어울리도록 알맞은</u> 먹을거리가 없어요.

(3) 우리는 농장으로 <u>실제로 보고 듣고 겪음</u> 학습을 다녀왔어요.

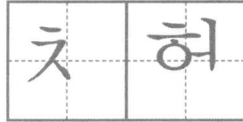

(4) 섬에서 자란 찬우는 <u>힘들이지 않고 저절로 된 듯하게</u> 수영을 잘하게 되었어요.

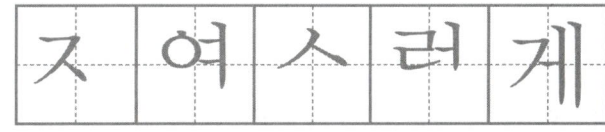

(5) 시훈이는 주사를 맞을 생각에 <u>다가올 일이 걱정되어 마음을 놓을 수 없고 불안해요.</u>

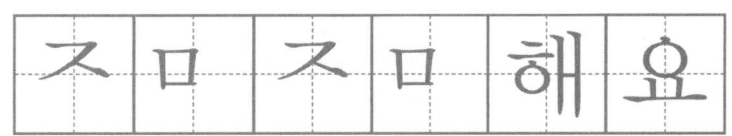

6 준말

✏️ 낱말의 일부분이 줄어든 말을 준말이라고 합니다. 밑줄 친 준말을 빈칸에 풀어 쓰세요.

(1) <u>요즘</u> 날씨가 너무 추워요.

(2) 진기야, <u>좀</u> 전에 경배한테 전화 왔었어.

(3) 언덕 너머로 <u>놀</u>이 예쁘게 물들었어요.
  * 해가 뜨거나 질 무렵에, 하늘이 햇빛에 물들어 벌겋게 보이는 현상.

(4) 병철아, 우리 집에서 편히 <u>머물다</u> 가도 돼.

(5) 형은 사다리를 <u>딛</u>고 올라가 나무에 달린 감을 땄어요.

(6) 승진이가 <u>기다란</u> 막대를 주워 왔어요.

7 원고지 쓰기

 다음 문장을 괄호 안의 횟수만큼 띄워서 원고지에 옮겨 쓰세요.

(1) 한번습관을들이면고치기힘들어.(4)

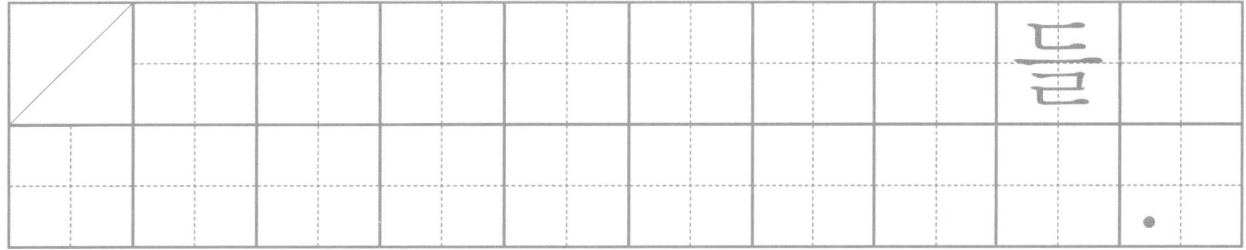

(2) 우리모두다함께박수를치며축하해줍시다.(7)

(3) 전학을온지하루밖에안되어서친구들이어색해요.(7)

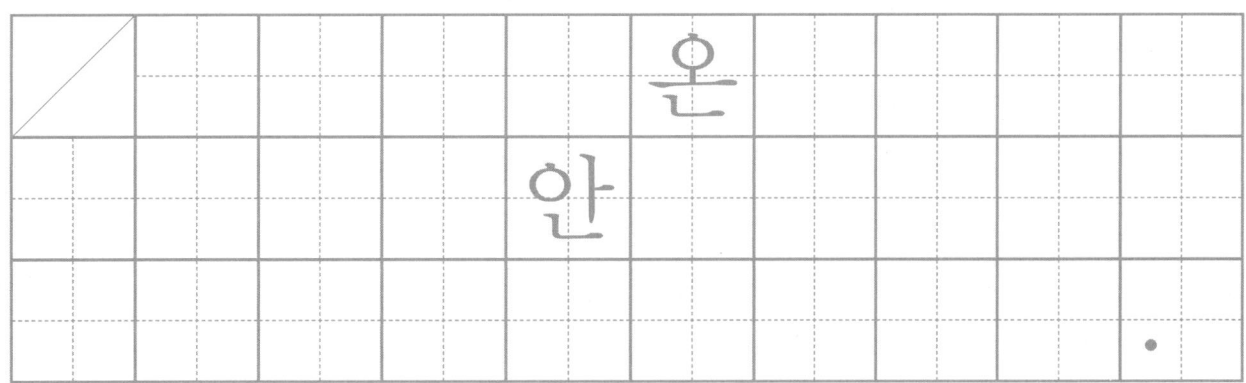

제 6 과 의견을 모아서(2)

매체 자료를 활용하여 발표해요

1 자동차

 다음 설명을 읽고 자동차와 관계있는 낱말을 빈칸에 쓰세요.

(1) 자동차를 일정한 곳에 세워 두는 일.

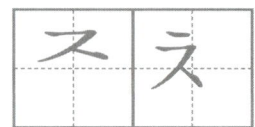

(2) 자동차 등에서 신호를 하거나 위험을 알리기 위해 소리를 내는 장치.

(3) 자동차의 방향을 조절할 때 사용하는 손잡이. ⓑ 운전대

(4) 자동차 뒤쪽에 짐을 넣을 수 있게 만든 곳.

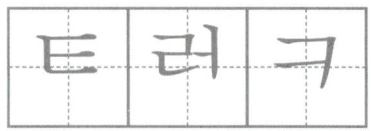

(5) 자동차 등을 멈추거나 속도를 늦추는 장치.

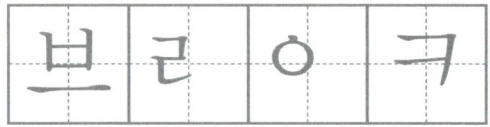

2 한반도

 한반도의 여러 장소를 빈칸에 알맞게 쓰세요.

(1) 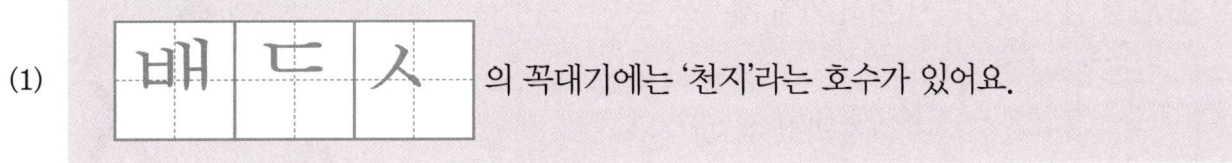 의 꼭대기에는 '천지'라는 호수가 있어요.

* 한반도에서 가장 높은 산. 한반도의 북쪽에 있다.

(2) 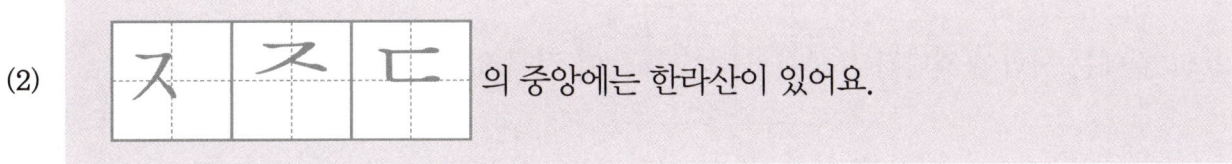 의 중앙에는 한라산이 있어요.

* 한반도에서 가장 큰 섬. 한반도의 남쪽에 있다.

(3) 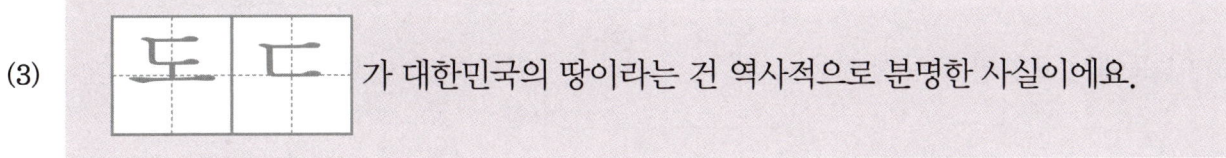 가 대한민국의 땅이라는 건 역사적으로 분명한 사실이에요.

* 한반도의 동쪽 끝에 있는 섬. 동도, 서도와 그 주변의 작은 섬들로 이루어져 있다.

(4) 울릉도의 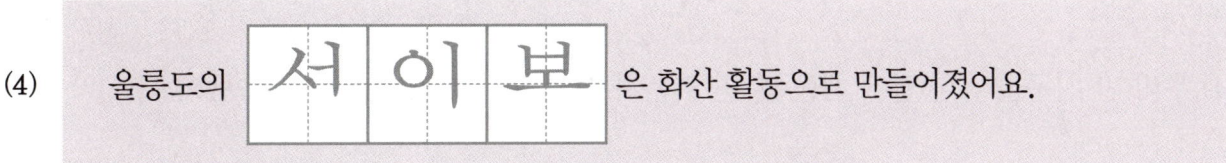 은 화산 활동으로 만들어졌어요.

* 울릉도(한반도 동쪽에 있는 섬)에 있는 산봉우리. 울릉도에서 가장 높다.

(5) 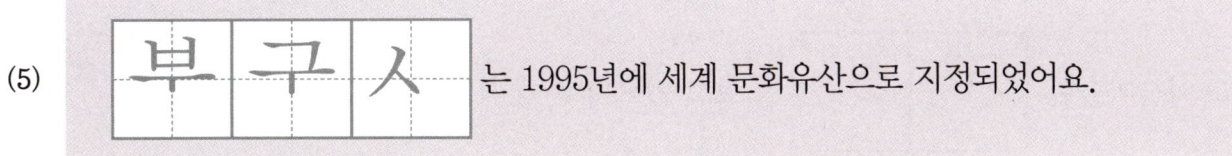 는 1995년에 세계 문화유산으로 지정되었어요.

* 경상북도 경주시에 있는 절. 삼국 시대에 지어졌으며, 다보탑과 석가탑이 있다.

3 무슨 낱말일까요?

✏️ 빈칸에 알맞은 낱말을 넣어 문장을 완성하세요.

(1) 줄 위를 걸어 다니면서 여러 가지 재주를 보이는 놀이를  라고 해요.

(2) 그 길에는 사람이 지나간  이 전혀 없었어요.

　* 어떤 현상이나 실제 모습이 없어졌거나 지나간 뒤에 남아 있는 자국이나 표시.

(3) 이 표에는 요일별 도서관 이용 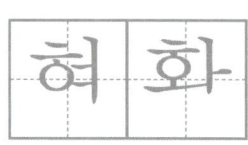 이 적혀 있어요.

　* 일이 되어 가는 과정이나 상황.

(4) 우리 반 친구들이 한 달에 책을 몇 권 읽는지 제가 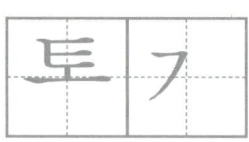 를 냈어요.

　* 어떤 현상을 한눈에 알아보기 쉽게 숫자로 나타낸 것.

(5) 아슬아슬한  를 보고 있으니 손에 땀이 났어요.

　* 보통 사람은 하기 어려운, 아슬아슬하고 신기한 재주.

(6) 우리나라에 사는 외국인이 많아지면서 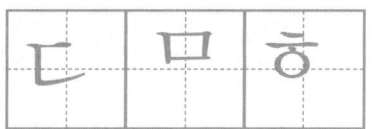 가정도 늘어났어요.

　　* 한 사회 안에 여러 민족이나 여러 국가의 문화가 뒤섞여 있는 것을 이르는 말.

(7) 선생님은 제 글에서 어색한 부분을  주셨어요.

　　* 바로잡아 고쳐.

(8) 수학 공식을 활용하니 문제를 푸는 게 훨씬 .

　　* 까다롭거나 힘들지 않아 하기가 쉬워요.

(9) 오늘은 공휴일이라 놀이공원이 매우 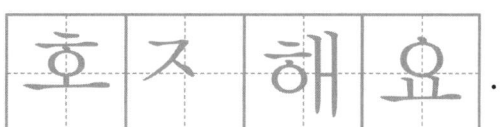.

　　* 여럿이 한데 뒤섞여 복잡해요.

(10) 한라산의 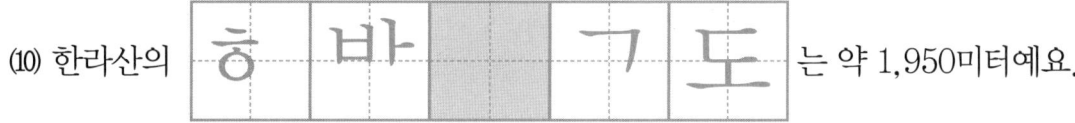 는 약 1,950미터예요.

　　* 바닷물의 표면을 기준으로 하여 잰 어떤 곳의 높이.

(11) 얼굴을 웃기게 분장한  가 무대에 올랐어요.

　　* 연극 등에서, 공연 시작 전이나 공연 사이에 우스운 말이나 행동으로 분위기를 띄우는 사람.

제 7 과 책 속의 길을 따라(1)

1 그림 보고 낱말 맞히기

 그림과 설명을 보고 알맞은 낱말을 빈칸에 쓰세요.

(1)

주둥이는 길고 뾰족하며, 네 다리가 짧고 발바닥은 넓적한 동물. 땅속에 굴을 파고 산다.

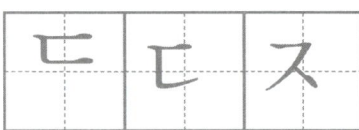

(2)

줄기가 굵고 둥글게 생긴 식물. 잎 대신에 가시가 나 있다. 물기가 없는 곳에서도 잘 자란다.

(3)

입으로 불어서 소리를 내는 악기. 구멍이 앞쪽에 일곱 개, 뒤쪽에 한 개 있다.

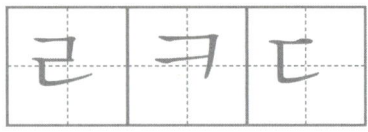

(4)

열, 소리, 물 등을 잘 차단하여 병마개 등으로 쓰이는 물건. 일부 나무의 줄기나 뿌리에서 얻는다.

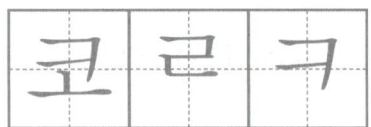

2 끝말잇기

 다음 뜻을 보고 알맞은 낱말을 넣어 끝말잇기를 하세요.

(1) ㅇ 해

특정한 행동이나 생활 방식이 일시적으로 사회에 널리 퍼짐.

→

(2) 해 ㅈ

그릇, 밥상 등을 닦거나 씻는 데 쓰는 천.

↓

자 선

어려운 형편에 있는 사람을 도와주는 일.

←

(3) ㅈ 저 ㅈ

물 등을 끓이거나 담아서 따를 수 있게 만든 그릇.

↓

(4) ㅅ 바

사람이나 짐 등을 싣고 물 위로 떠다니도록 만든 물건. ❹ 배

(5) 바 ㅅ

기쁨, 찬성, 환영을 나타내거나 박자를 맞추려고 두 손뼉을 마주침.

↓

(7) ㄱ 저

상대방의 부탁, 물건 등을 받아들이지 않음.

←

(6) ㅅ ㄱ

다 쓴 물건 등을 거두어 감.

3 흉내 내는 말

✏️ 빈칸에 모양을 흉내 내는 말을 알맞게 넣어 문장을 완성하세요.

(1) 어렸을 때 같이 놀았던 친구의 이름이 │어│뜨│ 생각났어요.

* 생각이나 기억 등이 갑자기 떠오르는 모양.

(2) 효경이는 인형 가게 앞에 │우│무│쭈│무│ 서 있었어요.

* 행동 등을 분명하게 하지 못하고 자꾸 망설이는 모양.

(3) 아기가 바닥에 누워 천장만 │마│뜨│마│뜨│ 바라봤어요.

* 눈을 동그랗게 뜨고 가만히 한곳만 바라보는 모양.

(4) 진우는 민재가 또 늦자 고개를 │서│ㄹ│서│ㄹ│ 저었어요.

* 몸의 한 부분을 큰 동작으로 자꾸 흔드는 모양.

(5) 태웅이는 │허│ㄹ│버│뜨│ 뛰어와 교실로 들어갔어요.

* 숨을 거칠고 급하게 몰아쉬는 모양.

4 무슨 뜻일까요?

✏️ **밑줄 친 낱말의 뜻을 찾아 번호를 쓰세요.**

(1) 삼촌은 물건을 정리하는 <u>요령</u>을 알려 주셨어요.　　　　　　　　　　(　　)

　① 일을 해 나가는 차례.

　② 일을 하는 데 필요한 방법.

　③ 잘 알려지지 않은 기술.

(2) 갑자기 호랑이가 나타나서 나그네는 <u>자지러질</u> 듯이 놀랐어요.　　　　(　　)

　① 고개나 허리를 자꾸 앞으로 구부릴.

　② 제자리에서 위로 세차게 뛰어오를.

　③ 몹시 놀라 멈칫하면서 몸이 움츠러들.

(3) 허락 없이 물건을 쓰는 것은 다른 사람의 권리를 <u>침해하는</u> 일이에요.　(　　)

　① 빼앗아 해를 끼치는.

　② 실제보다 낮추어서 하찮게 보는.

　③ 인정하지 않는.

(4) 아버지는 회사 발전을 위해 <u>기여한</u> 노력을 인정받아 상을 받으셨어요.　(　　)

　① 실패해도 끊임없이 도전한.

　② 도움을 준.

　③ 많은 사람을 이끈.

5 같은 소리, 다른 뜻

글자의 모양과 소리는 같지만 뜻이 다른 낱말이 있습니다. 괄호 안에 공통으로 들어갈 낱말을 빈칸에 쓰세요.

(1)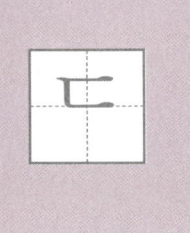
① 이 악기는 '(   )'를 연주하는 게 가장 어려워요.
　* 서양 음악에서, 첫 번째 음의 이름.
② 윷놀이에서 (   )가 나와 민호는 말을 한 칸 움직였어요.
　* 윷놀이에서, 윷가락 세 개는 엎어지고 한 개만 젖혀진 경우.

(2)
① 종욱이와 태성이는 (   )에 서로를 쳐다보았어요.
　* 같은 때나 시기.
② 수연이는 친구들 앞에서 (   )를 읽었어요.
　* 주로 어린이를 대상으로 지은 시.

(3)
① 길이 막힌다고 (   )을 하고 여행 출발 시간을 정했어요.
　* 사실이 아니거나 사실인지 아닌지 분명하지 않은 것을 임시로 인정함.
② (   )에 늘 준비해 두는 약을 '상비약'이라고 해요.
　* 한 가족이 생활하는 집.

(4)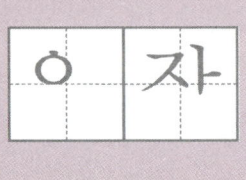
① 상대방의 (   )에서 생각해 보고 말해야겠어.
　* 현재 놓여 있는 처지나 상황.
② 대회가 시작되어 선수들이 (   )하기 시작했어요.
　* 어떤 장소 안으로 들어감.

6 병원

 다음 글 속에 들어갈 낱말을 빈칸에 알맞게 쓰세요.

> 시연이는 감기에 걸려 병원에서 (1) ☐ 을 받았어요. 의사 선생님은 친구들에게서 (2) ☐ 이 된 것 같다고 말씀하셨어요. 시연이는 간호사 선생님께서 건네시는 (3) ☐ 을 받고는 근처 약국에 갔어요. 약사 선생님께서 빨간색 약을 가리키시며 (4) ☐ 라고 설명해 주셨어요. 시연이는 약을 받은 뒤에 (5) ☐ 를 쓰고 집으로 돌아갔어요.

(1) 의사가 여러 가지 방법으로 환자의 병이나 증상을 살핌.

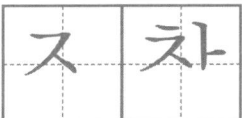

(2) 병이 다른 사람에게 옮음.

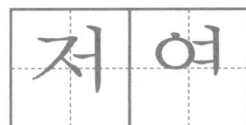

(3) 병을 치료하는 데에 필요한 약, 방법 등을 적은 종이.

(4) 세균이나 미생물이 자라거나 퍼지는 것을 막는 약.

(5) 병균이나 먼지 등을 막기 위해 입과 코를 가리는 데에 쓰는 물건.

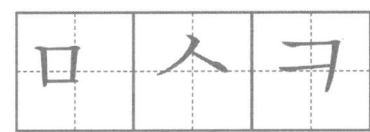

7 비슷한말

✏️ **밑줄 친 낱말의 비슷한말을 빈칸에 쓰세요.**

(1)
- 지혜는 학교 가까이에 살아요.
- 정한이는 집 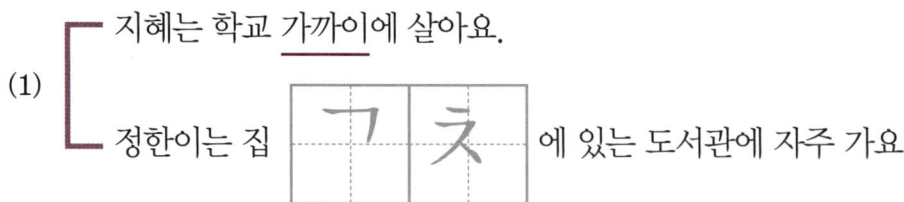 에 있는 도서관에 자주 가요.

(2)
- 쓸데없는 참견은 그만하고 네 자리로 돌아가.
- 동생이 뭘 하든 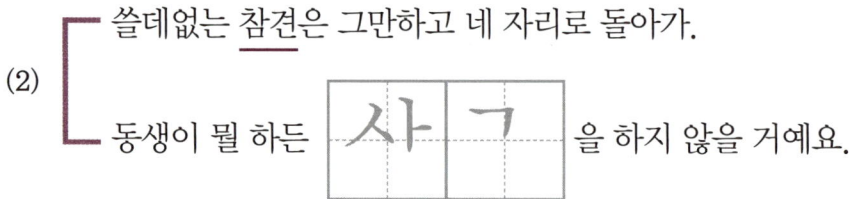 을 하지 않을 거예요.

(3)
- 밭에 씨앗을 뿌리고 얼마 지나지 않아 새싹이 돋았어요.
- 봄이 되자 들판에서 여러 풀의 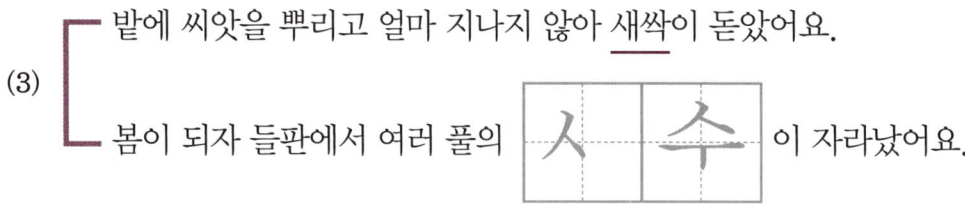 이 자라났어요.

(4)
- 진석이의 책장에는 책들이 질서 있게 꽂혀 있어요.
- 예빈이는 말을  있게 잘해요.

(5)
- 경현이는 손톱을 물어뜯는 습관이 있어요.
- 설희는 밥을 먹는 도중에 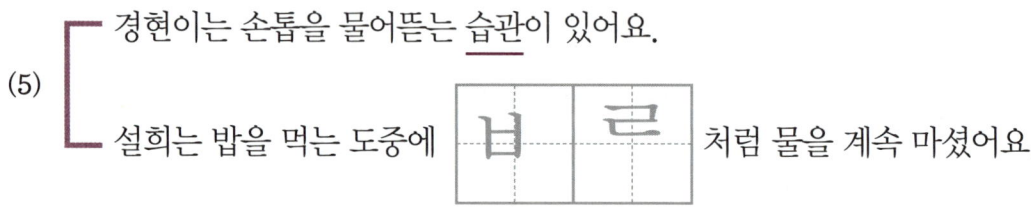 처럼 물을 계속 마셨어요.

8 움직임을 나타내는 말

✏️ 빈칸에 움직임을 나타내는 말을 알맞게 넣어 문장을 완성하세요.

(1) 아버지는 마당에 귤나무를 [심고] 물을 뿌리셨어요.

　*풀·나무의 뿌리나 씨앗 등을 흙 속에 묻고.

(2) 어머니는 시금치를 [무쳐] 식탁에 올려놓으셨어요.

　*나물 등에 여러 양념을 넣고 골고루 한데 뒤섞어.

(3) 현주는 설레는 마음으로 상자를 [가 보 해] 선물을 꺼냈어요.

　*붙이거나 싸 두었던 것을 떼거나 열어.

(4) 할아버지는 산에서 버섯을 [ㅊ ㅊ 해] 가져오셨어요.

　*풀, 나무 등을 찾아 캐거나 베어 얻어 내.

(5) 뜀틀 앞에 선 친구를 [ㅈ 초 하 지] 않고 기다렸어요.

　*어떤 일을 빨리하도록 조르지.

제 7 과　책 속의 길을 따라(1)

9 바르게 쓰기

✏️ 밑줄 친 낱말을 바르게 고쳐 쓰세요.

(1) 너랑 싸울 생각은 눈꼽만큼도 없었어.

(2) 할아버지는 바닥을 집고 일어나셨어요.

(3) 승원이는 땅에 무쳐 있는 돌을 파냈어요.

(4) 나무에 황녹색 사과가 주렁주렁 달려 있어요.

   * 누런빛을 띤 녹색.

(5) 수민이의 얼굴이 벌것케 달아올랐어요.

   * 약간 어둡고 붉게.

(6) 형은 무거운 가방을 등에 질머지고 떠났어요.

제 8 과   책 속의 길을 따라(2)

1 폐자전거

폐자전거(廢自轉車) : 너무 낡거나 부서져서 더 이상 탈 수 없는 자전거.

→ '못 쓰게 된', '이미 써 버린'이라는 뜻.

✏️ 다음 설명에 알맞은 물건과 그 물건의 못 쓰게 된 형태를 빈칸에 쓰세요.

(1) 사람이 지은 집을 통틀어 이르는 말.   →   못 쓰게 된 것.
    거 ㅁ

(2) 장롱, 책장 등 집안 살림에 쓰는 기구.   →   못 쓰게 된 것.
    ㄱ ㄱ

(3) 음식 등을 낮은 온도에서 보관하는 기구.   →   못 쓰게 된 것.
    내 자 ㄱ

(4) 병을 치료하는 데 쓰는 물질.   →   못 쓰게 된 것.
    ㅇ 야 ㅍ

2 '데다'과 '대다'

 소리는 비슷하지만 뜻이 다른 낱말이 있어요. 알맞은 낱말에 동그라미 하세요.

> 데다 : 불이나 뜨거운 기운에 살이 상하다.
>
> 대다 : 무엇을 어디에 닿게 하다.

(1) 원희는 문에 귀를 (데고 / 대고) 방 안에서 나는 소리를 들었어요.

(2) 뜨거운 물을 쏟아서 찬혁이가 발을 (데었어요 / 대었어요).

> 거치다 : 오가는 중간에 어디를 지나거나 들르다.
>
> 걷히다 : 구름이나 어둠 등이 흩어져 사라지다.

(3) 할머니 댁에 갈 때는 항상 이 휴게소를 (거쳐요 / 걷혀요).

(4) 안개가 (거치고 / 걷히고) 햇살이 비치기 시작했어요.

> 늘이다 : 물체의 길이를 원래보다 더 길어지게 하다.
>
> 늘리다 : 수나 양 등을 원래보다 더 많아지게 하다.

(5) 민석이는 책 읽는 시간을 조금씩 (늘여 / 늘려) 갔어요.

(6) 희원이는 고무줄을 길게 (늘였다 / 늘렸다) 놓아 멀리 날려 보냈어요.

3 감정을 나타내는 말

✏️ 빈칸에 감정을 나타내는 말을 알맞게 넣어 문장을 완성하세요.

(1) 방학 동안 계획을 잘 실천해서 매우 뿌듯해요.

　* 마음이 감동, 기쁨 등의 감정으로 가득해요.

(2) 제 실수로 우리 편이 져서 친구들을 보기가 미안해요.

　* 어색하고 부끄러워요.

(3) 책 두 권을 하루 만에 다 읽을 생각을 하니 막막해요.

　* 꽉 막힌 것 같이 답답해요.

(4) 하루 내내 덥고 습해서 무척 불쾌해요.

　* 마음에 들지 않아 기분이 좋지 않아요.

(5) 동생이 방을 어질렀는데 제가 혼나서 억울해요.

　* 아무 잘못 없이 꾸중을 듣거나 벌을 받아 화나고 답답해요.

4 무슨 낱말일까요?

빈칸에 알맞은 낱말을 넣어 문장을 완성하세요.

(1) 주말에  공연을 관람했어요.

　＊ 한 사람이 북의 박자에 맞추어 노래나 이야기로 내용을 전달하는 우리나라 고유의 음악.

(2) 도둑은 경찰의 끈질긴  에 모든 사실을 털어놓았어요.

　＊ 잘못한 일에 대하여 엄격하게 따져서 밝힘.

(3) 현민이는 도서관 뒤에 있는 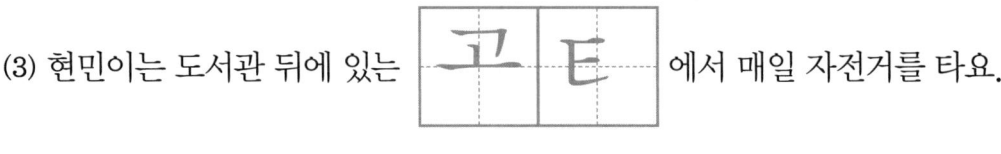 에서 매일 자전거를 타요.

　＊ 집이나 밭 등이 없이 비어 있는 땅.

(4) 영서는 혜수의 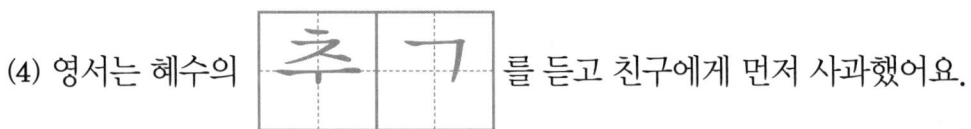 를 듣고 친구에게 먼저 사과했어요.

　＊ 남의 부족한 점이나 잘못을 고치도록 진심으로 해 주는 말.

(5) 성훈이는  을 확인하고 빵을 샀어요.

　＊ 식품을 먹어도 건강이나 안전에 이상이 없을 것이라고 인정되는, 최종 사용 가능 시기.

(6) 이모는 고급 ㅈㅈ 의 옷감으로 한복을 만드셨어요.

　* 재료가 가지는 성질.

(7) 경복궁은 ㅎㅅ 들이 꼭 지켜야 할 소중한 국가유산이에요.

　* 자신의 세대에서 여러 세대가 지난 뒤의 자녀를 통틀어 이르는 말.　🔄 조상

(8) 세균의 ㅂㅅ 을 막기 위해서는 이를 구석구석 잘 닦아야 해요.

　* 수가 늘어서 많이 퍼짐.

(9) 전구를 발명한 것은 ㅇㄹ 에게 큰 축복이에요.

　* 세계의 모든 사람.

(10) 오늘날에는 로봇과 관련한 ㅅㅇ 이 빠르게 발전하고 있어요.

　* 인간이 더 편하게 살 수 있도록 물건이나 서비스 등을 만들어 내는 일.

(11) 우리 반에는 실내화를 신고 들어와야 한다는 원칙 이 있어요.

　* 어떤 행동이나 이론 등에서 변함없이 지켜야 하는 기본적인 규칙이나 법칙.

5 꾸며 주는 말

 빈칸에 꾸며 주는 말을 알맞게 넣어 문장을 자세히 표현하세요.

(1) 재선이는 수학을 [ㅁ][ㅈ] 좋아해요.

  * 보통보다 훨씬 많이. 비 매우, 무척

(2) 지은이가 진희의 얼굴을 [빤][히] 바라봤어요.

  * 피하지 않고 정면으로.

(3) 종수는 주말에 [고][자] 집 앞을 산책하곤 해요.

  * 가끔씩 잘.

(4) 오누이는 어머니께서 집에 돌아오시기를 [ㅁ][냐] 기다렸어요.

  * 언제까지나 계속해서. 비 계속, 내내

(5) 산이 [ㅇ][나] 높아서 오를 용기가 나지 않아요.

  * 두드러지게 아주. 비 매우

6 반대말

✏️ **밑줄 친 낱말의 반대말을 빈칸에 쓰세요.**

(1) ─ 가장 친한 친구의 부탁이라 거절을 못 했어요.
   └ 영호는 어머니의 ㅎ ㄹ 을 받고 컴퓨터 게임을 했어요.

(2) ─ 할아버지는 저희를 배웅하러 대문 앞까지 나오셨어요.
   └ 저희는 해외에서 돌아오시는 아버지를 ㅁ ㅈ 하러 공항에 갔어요.

(3) ─ 저는 돈을 절약하기 위해서 용돈 기입장을 쓰고 있어요.
   └ 예은이는 시간을 ㄴ ㅂ 하지 않기 위해서 버스 시간을 확인했어요.

(4) ─ 자신의 이익만 고집하면 친구와 사이가 나빠질 수 있어요.
   └ 회사는 ㅅ ㅎ 를 보지 않기 위해 물건 가격을 올렸어요.

(5) ─ 외국에서 수입해 온 고기가 가게에 진열되어 있어요.
   └ 우리나라는 자동차를 여러 나라에 ㅅ ㅊ 하고 있어요.

제8과 책 속의 길을 따라(2)

7 낱말 뜻풀이

✏️ 빈칸에 알맞은 말을 넣어서 밑줄 친 낱말의 뜻을 풀이하세요.

(1) 할아버지는 한문 강습소를 운영하셨어요.

* 강습소: 학문, 예술 등을 ㄱ ㄹ 치 는 곳.

(2) 할머니께서 나물을 잔뜩 넣어 맛있는 밥을 지어 주셨어요.

* 나물: 사람이 먹을 수 있는 ㅍ 이나 나뭇잎을 통틀어 이르는 말.

(3) 미연이는 방학 동안 있었던 일을 저에게 속사포처럼 쏟아 냈어요.

* 속사포: 많은 탄알을 ㅃ ㄹ 쏠 수 있는 무기.

(4) 대훈이는 건우의 태권도 자세를 교정해 주었어요.

* 교정해: 틀어지거나 잘못된 것을 ㅂ ㄹ 게 고쳐.

(5) 진호가 달리기 대회에서 상을 받았다고 계속 뻐겨요.

* 뻐겨요: 얄미울 정도로 매우 우쭐거리며 ㅈ 라 해 요.

8 원고지 쓰기

 다음 문장을 괄호 안의 횟수만큼 띄워서 원고지에 옮겨 쓰세요.

(1) 내가해냈듯이너도할수있어.(5)

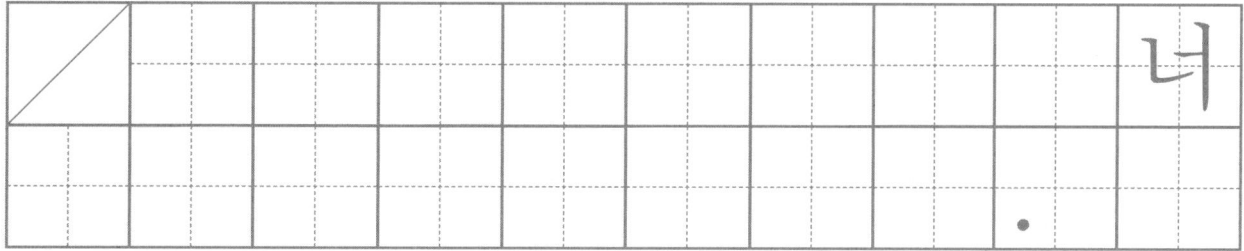

(2) 고추보다더매운떡볶이를먹어본적있니?(7)

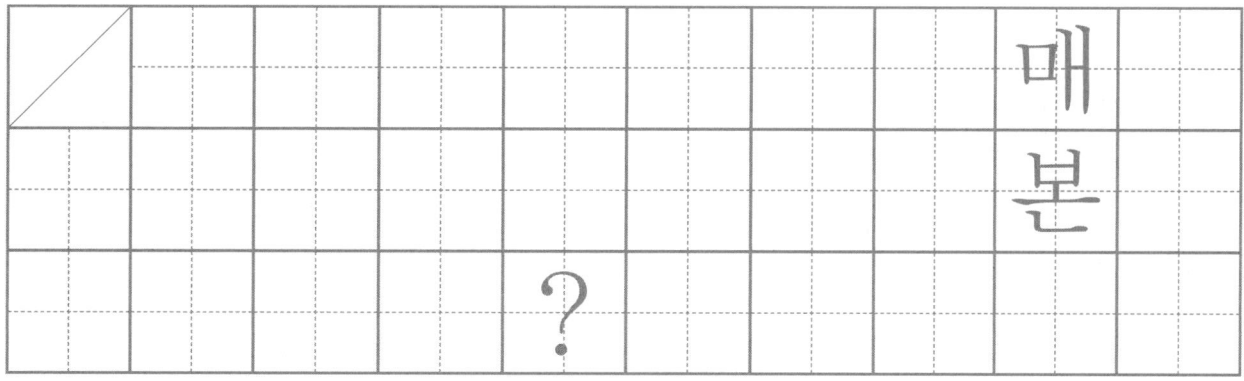

(3) 지웅이는귀신을본듯이잔뜩겁에질려있었어요.(7)

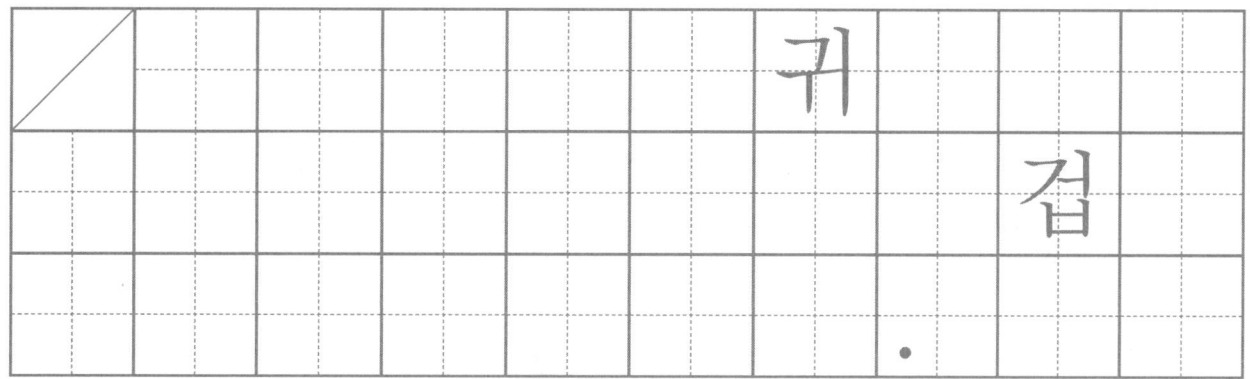

제 9 과 오가는 마음(1)

1 온라인 대화

✏️ 다음은 온라인 대화의 특성입니다. 빈칸에 알맞은 낱말을 쓰세요.

(1) 스마트폰, 컴퓨터와 같은 전자 ㄱㄱ 로 온라인 대화를 해요.

    * 기구, 기계 등을 통틀어 이르는 말.

(2) 같은 시간이나 ㅈㅅ 에 있지 않아도 대화할 수 있어요.

    * 어떤 일이 이루어지거나 일어나는 곳.

(3) 대화 ㅅㄷ 가 분명하지 않을 수도 있어요.

    * 마주 대하는 사람.

(4) 자신의 감정을 ㄱㄹㅁ 이나 사진으로 표현할 수 있어요.

    * 컴퓨터나 휴대 전화의 문자, 기호, 숫자 등을 모아 만든 그림 문자. ⓔ 이모티콘

2 움직임을 나타내는 말

 빈칸에 움직임을 나타내는 말을 알맞게 넣어 문장을 완성하세요.

(1) 선생님은 교실에 있는 책상에 번호를 | 매 | 겨 | 놓으셨어요.

* 어떤 숫자나 표시를 적어 넣어.

(2) 아버지는 제가 쓴 생활 계획표를 종이에 | 인 | 쇄 | 해 | 주셨어요.

* 잉크를 종이나 천 등에 옮겨 찍어서 글, 그림 등이 나타나게 해.

(3) 동혁이는 친구의 집을 | 방 | 문 | 했 | 어 | 요 |.

* 어떤 사람이나 장소를 찾아가서 만나거나 봤어요.

(4) 저는 서영이를 학급 회장으로 | 추 | 천 | 했 | 어 | 요 |.

* 어떤 조건에 맞는 대상을 책임지고 소개했어요.

(5) 현지는 친구의 발표를 | 경 | 청 | 했 | 어 | 요 |.

* 귀를 기울여 들었어요.

3 무슨 낱말일까요?

 빈칸에 알맞은 낱말을 넣어 문장을 완성하세요.

(1) 제원이는 친구가 게시판에 올린 글에  을 달았어요.

　* 인터넷상에 누군가 쓴 글에 대해 다른 사람이 짧게 답하여 올리는 글.

(2) 다른 사람을  하지 않고 존중하는 태도를 지녀야 해요.

　* 싫어하고 미워함.

(3) 뒷산에 날개 달린 말이 나타난다는  이 마을에 퍼졌어요.

　* 사람들 입에 오르내려 전해 들리는 말.

(4) 하영이가 화난 줄도 모르고 민지는 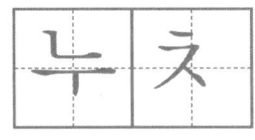 없이 계속 장난을 쳤어요.

　* 남의 마음을 그때그때 상황으로 미루어 알아내는 것.

(5)  이란 글, 그림, 동영상 등을 만든 사람이 자기 작품에 대해 가지는 권리를 말해요.

(6) 수정이는 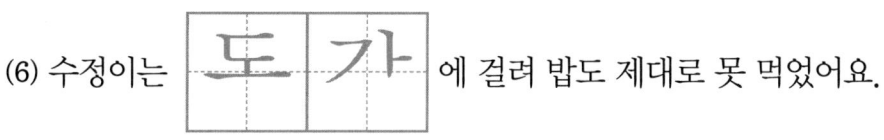 에 걸려 밥도 제대로 못 먹었어요.

* 매우 심한 감기.

(7) 연준이는 주말마다 도서관에 가겠다고 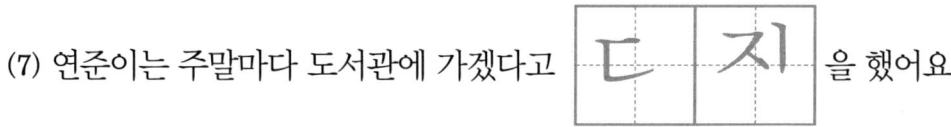 을 했어요.

* 어떤 일을 반드시 해야겠다는 굳은 마음가짐.

(8) 설명하는 글의 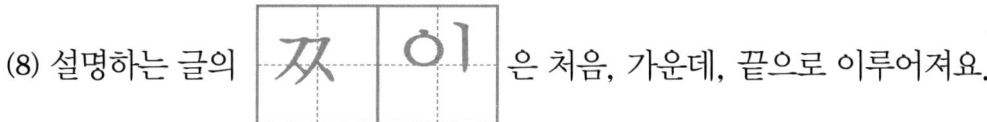 은 처음, 가운데, 끝으로 이루어져요.

* 부분을 모아서 전체를 이룸.

(9) 할아버지께서 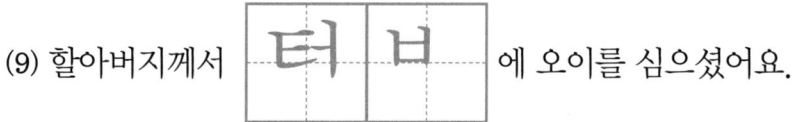 에 오이를 심으셨어요.

* 집에 속해 있거나 집 가까이 있는 밭.

(10) 윤진이는 자신이 찍은 사진을 친구들과 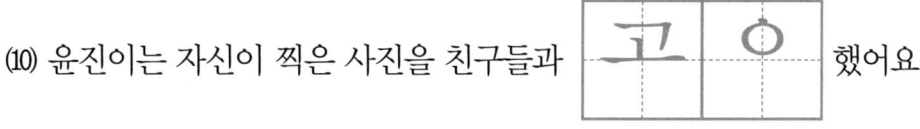 했어요.

* 정보나 의견, 감정 등을 나눔.

(11) 도운이는 잘못한 게 없어 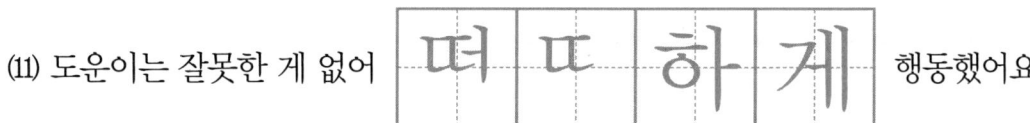 행동했어요.

* 행동이나 생각이 올바르고 마땅해 당당하게.

4 전통 음식

 다음 그림과 설명을 보고, 우리나라 전통 음식의 이름을 알맞게 찾아 쓰세요.

(1)

* 소의 머리, 내장, 살코기 등을 푹 삶아서 만든 국.

(2)

* 굽 높은 통에 여러 음식을 빙 둘러 담은 뒤 국물을 붓고 끓여 먹는 음식.

(3)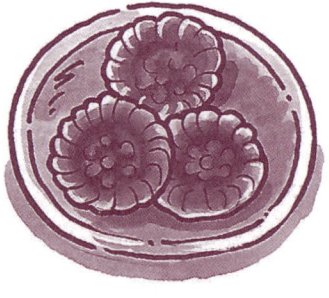

* 꿀과 기름을 섞은 밀가루 반죽을 판에 찍은 뒤 기름에 튀긴 전통 과자.

(4)

* 검은깨 등의 가루를 꿀이나 조청(묽은 엿)에 반죽해 판에 찍어 만든 전통 과자.

약과   신선로   다식   설렁탕

5 비슷한말, 반대말

✏️ 밑줄 친 낱말의 비슷한말이나 반대말을 빈칸에 쓰세요.

(1)
- 이 우산은 <u>주인</u>이 없는지 며칠째 교실 뒤편에 놓여 있어요.
- 먼저 주운 사람이 [비] 이 ㅈ 인 걸로 하자.

(2)
- 은정이는 자기 전에 <u>숙제</u>를 끝마쳤어요.
- 선생님은 저희에게 [비] ㄱ ㅈ 를 내 주셨어요.

(3)
- 이 방법에 <u>찬성</u>하는 사람은 손을 들어 주세요.
- 저는 혜진이의 의견에 [비] 도 ㅇ 했어요.

(4)
- 그 가수는 긴 <u>무명</u> 활동 끝에 성공을 거두었어요.
- 이 영화에는 [반] ㅇ ㅁ 배우들이 많이 출연해요.

(5)
- 현식이는 <u>맑은</u> 계곡물에 발을 담그고 놀았어요.
- 이곳은 자동차가 많이 다녀서 공기가 [반] ㅌ 한 것 같아요.

6 '붙이다'와 '부치다'

 소리는 비슷하지만 뜻이 다른 낱말이 있어요. 알맞은 낱말에 동그라미 하세요.

> **붙이다** : 맞닿아 떨어지지 않게 하다.
>
> **부치다** : 편지나 물건 등을 일정한 방법으로 상대에게 보내다.

(1) 형준이는 편지 봉투에 테이프를 (붙였어요 / 부쳤어요).

(2) 원영이는 삼촌께 편지를 (붙였어요 / 부쳤어요).

> **일다** : 없던 현상이나 움직임이 새로 생기다.
>
> **잃다** : 가졌던 물건을 빼앗기거나 손해를 보다.

(3) 욕심쟁이 나무꾼은 원래 가지고 있던 도끼마저 (일고 / 잃고) 집으로 돌아갔어요.

(4) 바람이 (일고 / 잃고) 비가 내리기 시작했어요.

> **다리다** : 다리미 등으로 옷이나 천을 문질러 주름을 펴다.
>
> **달이다** : 액체 속에 잠겨 있는 재료의 맛이나 빛깔 등이 액체 속으로 나오게 끓이다.

(5) 어머니는 구겨진 치마를 (다려 / 달여) 입으셨어요.

(6) 할머니는 인삼을 (다려 / 달여) 꿀을 섞으신 뒤에 저에게 주셨어요.

7 십자말풀이

 가로 열쇠와 세로 열쇠를 잘 읽고, 빈칸을 채우세요.

		(1)		
	(2) 장			
(3)			(6)	
		(5)		성
(4)				

가로 열쇠

(1) 일의 모양이나 경기의 흐름을 반대 상황으로 뒤집음.

(2) 이익을 얻으려고 물건을 사서 파는 일.

(3) 남의 잘못이나 부족한 점을 지적해 나쁘게 말함.

(4) 사람이 목마름을 없애거나 맛을 즐길 수 있도록 만든 마실 거리.

(5) 나쁘고 독한 성질.

(6) 1년 가운데 달, 날, 요일, 행사일 등을 날짜에 따라 적어 놓은 것.

세로 열쇠

(1) 나라나 민족이 과거에 겪은 변화나 발전을 적은 기록.

(2) 주로 어린아이들이 재미로 하는 짓.

(3) 흉을 보듯이 놀리거나 무시하며 웃는 웃음.

(5) 인사, 감사, 화해 등의 뜻을 나타내기 위해 두 사람이 각자 한 손을 마주 내어 잡는 일.

(6) 목적한 것을 이룸. 🔵 성취

제 10 과 오가는 마음(2)

1 옛날 물건

 다음 그림과 설명을 보고, 주로 옛날에 쓰던 물건의 이름을 알맞게 쓰세요.

(1)  옛날에 어른이 된 남자가 쓰던 모자. 테가 넓고 둥글다.

 ㄱ

(2)  옛날에 어른이 된 남자가 쓰던 모자. 앞은 낮고 뒤는 높게 만들었다.

 가 ㅌ

(3)  가늘고 길게 꼰 볏짚을 엮어 만든 신발.

 지 시

(4)  나무를 파서 만든 신발. 앞뒤로 굽이 있어 주로 비가 오는 날에 신었다.

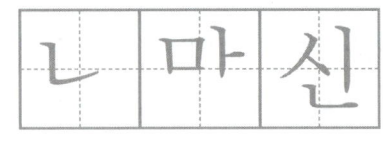 ㄴ 마 신

2 누구일까요?

 다음 설명에 알맞은 사람을 빈칸에 쓰세요.

(1) 시, 소설, 연극, 그림, 사진 등의 예술품을 만드는 사람.
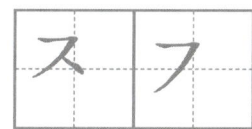

(2) 군대를 다스리는, 지위가 아주 높은 군인.
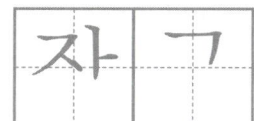

(3) 자녀의 아들. 반 손녀
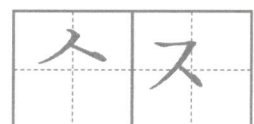

(4) 어떤 분야의 학문을 익혀 전문 자격을 받은 사람.

(5) 장난이 심한 아이. 비 개구쟁이

(6) 역사적으로 훌륭한 일을 해낸 사람.
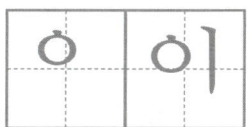

3 편지

 빈칸에 편지와 관계있는 낱말을 넣어 문장을 완성하세요.

(1) 보영이는 생일에 편지를 여러 | 통 | 받았어요.

 * 편지나 전화 등을 세는 단위.

(2) 현우는 할머니께서 보내신 편지를 읽고 난 뒤 | 답 | 장 | 을 썼어요.

 * 받은 편지에 답하여 보내는 편지.

(3) 편지의 첫인사로 받을 사람의 | 안 | 부 | 를 물었어요.

 * 잘 지내고 있는지 그렇지 않은지에 대한 소식.

(4) 끝인사, 쓴 날짜, 쓴 사람을 적고 나서 마지막에 | 추 | 신 | 을 덧붙여 썼어요.

 * 뒤에 덧붙여 말한다는 뜻으로, 편지를 다 쓴 뒤에 더 쓰고 싶은 것이 있을 때에 편지의 맨 끝에 쓰는 말.

(5) | 집 | 배 | 원 | 은 바쁘게 돌아다니며 편지를 배달했어요.

 * 편지나 소포(작은 물건)를 모아서 배달하는 사람.

다음은 편지 봉투에 들어갈 내용입니다. 빈칸에 알맞은 낱말을 쓰세요.

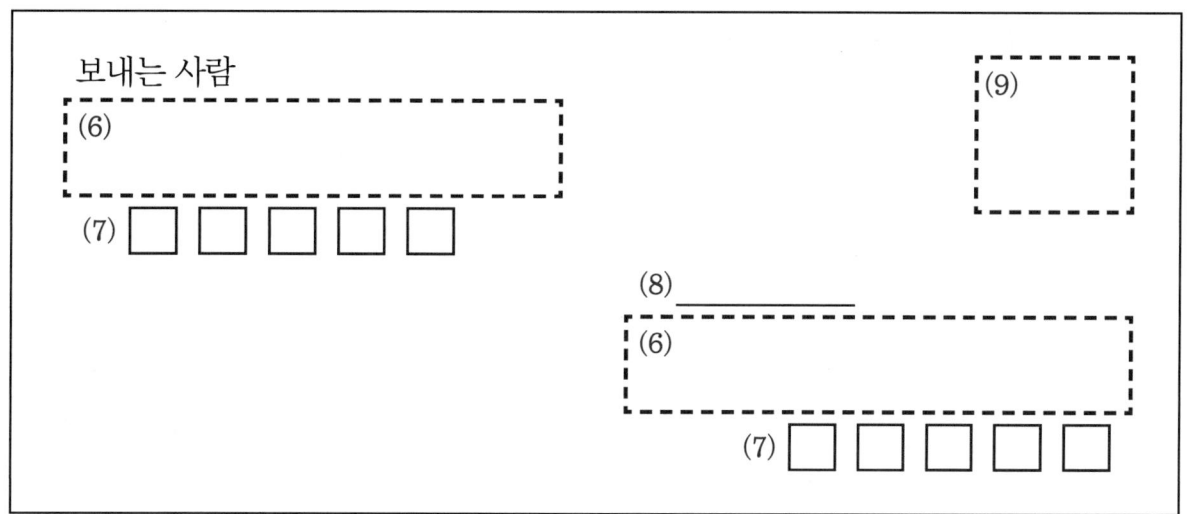

(6) 보내는 사람이나 받는 사람의 를 정확하게 적어요.

　＊ 사람이 살고 있는 곳이나 기관, 회사 등이 자리 잡고 있는 위치를 나타낸 이름.

(7) 인터넷에서 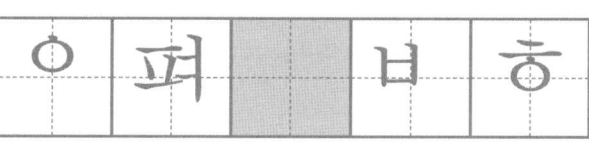를 찾을 수 있어요.

　＊ 편지나 소포 등을 쉽게 분류하기 위해서 정한, 각 지역을 나타내는 숫자.

(8) 의 정보도 편지 봉투에 적어요.

　＊ 편지나 소포 등을 받는 사람. ⑪ 발신자

(9) 편지 봉투의 오른쪽 위에 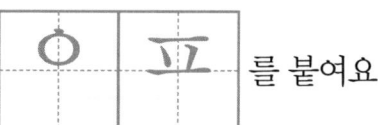를 붙여요.

　＊ 편지나 소포 등을 보내는 값을 낸 표시로 붙이는 작은 종이.

4 편지와 높임말

 다음 편지를 읽고 밑줄 친 곳을 높임법에 맞게 고쳐 쓰세요.

> 사랑하는 (1) 할아버지에게
>
> 할아버지, 안녕하세요? 저 민정이예요. 건강하게 잘 (2) 있지요? 저는 학교 다니면서 공부도 하고 친구들과 재밌게 지내고 있어요.
>
> 할아버지, 감자를 보내 (3) 주어서 정말 감사해요. 오늘 간식으로 찐 감자를 먹었어요. 포슬포슬하고 무척 맛있었어요.
>
> 지난 방학에 할아버지 댁에 갔던 날이 종종 떠올라요. 특히 (4) 내가 딴 오이를 할아버지께서 맛있게 무쳐 주셨던 게 생각나요. 겨울 방학 때 또 찾아뵐게요.
>
> 그럼, 안녕히 계세요.
>
> 20○○년 ○○월 ○○일
>
> 김민정 (5) 씀

(1) 할아버지에게 →

(2) 있지요 →

(3) 주어서 →

(4) 내가 →

(5) 씀 →

5 꾸며 주는 말

 빈칸에 꾸며 주는 말을 알맞게 넣어 문장을 자세히 표현하세요.

(1) 은수는 또래 친구들에 비해서 | 유 | 도 | 키가 커요.

* 여럿 가운데 자기 혼자서만 두드러지게.

(2) 집에 도착하니 | 한 | 결 | 마음이 편해졌어요.

* 전에 비해서 한층 더.

(3) 아버지의 질문에 형은 | 즉 | 각 | 대답했어요.

* 일이 일어나는 그 순간 바로. 🔶 곧, 바로

(4) 준우는 늦잠을 자서 | 다 | 급 | 히 | 집을 나섰어요.

* 매우 급하게.

(5) 내가 | 무 | 심 | 코 | 한 말이 너에게 상처가 될 줄 몰랐어.

* 아무런 뜻이나 생각이 없이.

제 10 과   오가는 마음(2)

6 같은 소리, 다른 뜻

 글자의 모양과 소리는 같지만 뜻이 다른 낱말이 있습니다. 괄호 안에 공통으로 들어갈 낱말을 빈칸에 쓰세요.

(1) ㅂ

① 원님은 도둑에게 큰 (　　)을 주었어요.
* 잘못하거나 죄를 지은 사람에게 주는 고통.

② 이모는 방에서 윗옷을 다섯 (　　)이나 들고나오셨어요.
* 옷을 세는 단위.

(2) ㅇㄱ

① 혜원이는 오늘 (　　)가 따뜻하다는 말에 치마를 입었어요.
* 그날그날의 비, 구름, 바람, 기온 등이 나타나는 기상 상태.

② 대영이는 방학 동안 꾸준히 (　　)를 썼어요.
* 그날그날 겪은 일을 떠올려 생각, 느낌 등을 적은 글.

(3) ㅇㅅ

① 지수는 저에게 학교에 일찍 갈 (　　)가 있는지 물었어요.
* 무엇을 하고자 하는 생각.

② 슈바이처는 가난한 사람들을 위해 열심히 일한 (　　)예요.
* 일정한 자격을 가지고 병을 고치는 것을 직업으로 하는 사람.

(4) ㅊㄷ

① 저희는 오늘 모임의 (　　) 회장을 뽑았어요.
* 순서대로 이어 나가는 자리나 지위에서 그 첫 번째 차례.

② 현지는 생일 잔치에 저를 (　　)했어요.
* 어떤 모임에 참석해 줄 것을 부탁함.

7 원고지 쓰기

 다음 문장을 괄호 안의 횟수만큼 띄워서 원고지에 옮겨 쓰세요.

(1) 그렇게하면시간이오래걸릴텐데.(5)

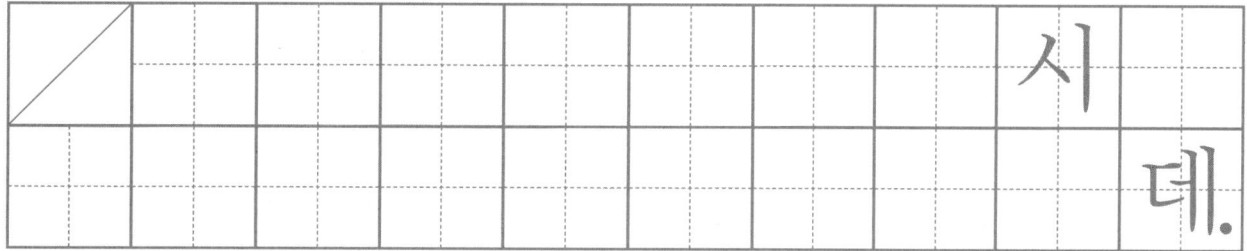

(2) 다음달에있을체육대회가무척기대돼요.(6)

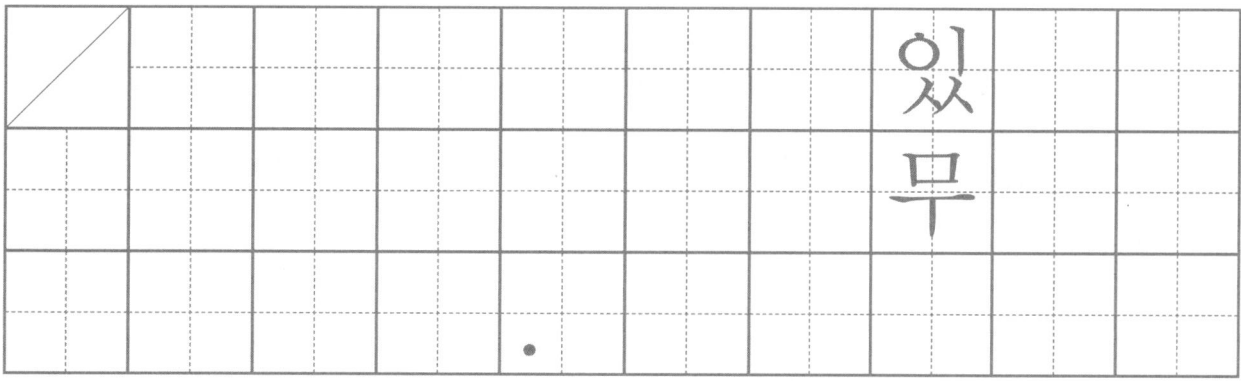

(3) 이걸받고좋아할네모습이눈에보이는것만같았어.(8)

제11과 상상의 날개(1)

1 무엇일까요?

✏️ 다음 그림과 설명을 보고 알맞은 낱말을 빈칸에 쓰세요.

(1)  사람을 태우거나 짐을 실어 나르기 위해 바퀴를 달아서 굴러가게 만든 기구.

ㅅ ㄹ

(2)  짐을 얹은 뒤 사람이 등에 메고 나를 수 있도록 만든 기구.

ㅈ ㄱ

(3)  방이나 솥 등에 열을 전하기 위해 나무 등을 넣어 불을 붙이려고 만든 구멍.

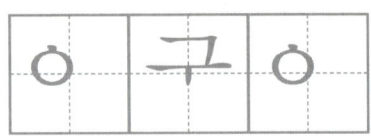
ㅇ ㄱ ㅇ

(4)  짐승이 곡식을 먹는 것을 막기 위해, 막대와 짚 등으로 사람 모양을 만들어 논밭에 세우는 물건.

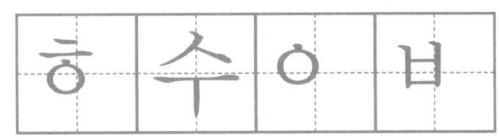
ㅎ ㅅ ㅇ ㅂ

2 끝말잇기

✏️ 다음 뜻을 보고 알맞은 낱말을 넣어 끝말잇기를 하세요.

(1) 오 사

현대식 건물에서 마당처럼 평평하게 만든 지붕의 위.

→

(2) ㅅ 이

장사를 직업으로 하는 사람.
🔵 장수

↓

(3) ㅈ

사고 등을 당해 어려운 상황에 놓인 사람을 구해 줌.

←

인 구

일정한 지역에 사는 사람의 수.

↓

(4) ㅈ 야 ㄷ

작고 동글동글한 돌.

→

(5) ㄷ 다

집이나 일정한 공간을 둘러막기 위해 돌로 쌓은 것.

↓

(7) ㅇ 수

자연적인 힘을 뛰어넘는 능력으로 신기한 일을 일으키는 기술.
🔵 마술

←

(6) 다 ㅇ

털이나 솜을 두껍게 눌러서 만든 물건. 사람이 앉거나 누울 때 바닥에 깐다.

제 11 과 상상의 날개(1)

3 무슨 낱말일까요?

✏️ 빈칸에 알맞은 낱말을 넣어 문장을 완성하세요.

(1) 준서는 동생이 마시고 있는 음료수가 이 났어요.

   * 무엇을 가지고 싶은 마음.

(2) 현지가 로 바둑알을 튕겼어요.

   * 다섯 손가락 가운데 둘째 손가락.

(3) 밤하늘에 빛나는 저것은 가 뭘까?

   * 사람이나 사물의 원래 모습.

(4) 유진이가 꽃을 한 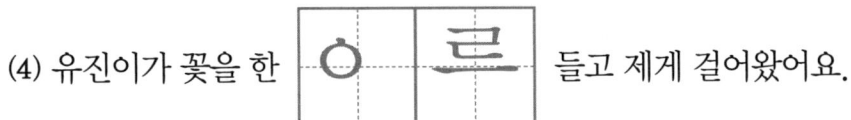 들고 제게 걸어왔어요.

   * 두 팔로 둥글게 모아 안을 만한 양을 세는 단위.

(5) 주몽은 활을 쏘면 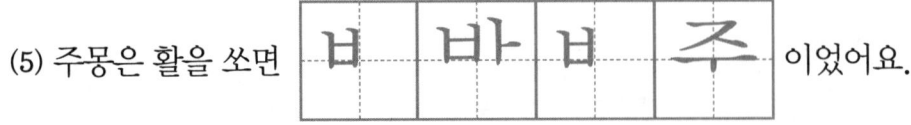이었어요.

   * 백 번 쏘아 백 번 맞힌다는 뜻으로, 총이나 활을 쏠 때마다 목표한 곳에 다 맞음을 이르는 말.

(6) 어머니는 김치를 담그는 ㅅㅆ 가 무척 뛰어나세요.

* 어떤 일을 해내는 재주.

(7) 임금은 죄인에게 ㅇㅂ 을 내렸어요.

* 규칙을 철저하게 적용하여 주는 벌.

(8) 세종 대왕은 백성들을 아끼고 사랑한 임금으로 ㅁㅅ 이 높아요.

* 사람들에게 좋은 평가를 받아 세상에 널리 알려진 이름.

(9) 소민이는 ㅈ겨 에 비가 오는 소리를 들었어요.

* 잠이 깊지 않게 들거나 깬 상태.

(10) 사실을 말할지 거짓을 말할지는 네 ㅇㅑㅅ 에 달려 있어.

* 자신의 행위에 대해 옳고 그름, 선과 악을 구별하는 도덕적 의식이나 마음씨.

(11) 준호는 수업이 끝나자마자 집을 향해 저소력 으로 달렸어요.

* 낼 수 있는 최대의 빠르기.

4 어울리는 말

🖉 뜻풀이를 읽고, 괄호 안에 들어갈 말을 알맞게 연결하세요.

(1) ( )이 시원하다.
→ 좋은 일이 생기거나 나쁜 일이 사라져 마음이 상쾌하다.

㉠ 귀

(2) ( )가 번쩍 뜨이다.
→ 들리는 말에 마음이 확 끌리다.

㉡ 속

(3) ( )가 무겁다.
→ 무거운 책임을 져서 마음에 부담이 크다.

㉢ 어깨

(4) ( )를 보다.
→ 남의 마음과 태도를 살피다.

㉣ 무릎

(5) ( )을 치다.
→ 놀라운 사실을 알게 되거나 좋은 생각이 떠올라 감탄하다.

㉤ 눈치

5 다의어

✏️ **뜻을 둘 이상 지닌 낱말을 다의어라고 합니다. 밑줄 친 낱말의 뜻을 찾아 번호를 쓰세요.**

짜다	① 실이나 끈을 이리저리 엮어 천 등을 만들다.
	② 사람들을 모아 무리를 만들다.

(1) 언니는 직접 모자를 짜서 저에게 주었어요. (   )

(2) 재영이는 친구들과 팀을 짜서 축구 대회에 참가했어요. (   )

들이다	① 물건을 안으로 가져오다.
	② 어떤 일에 돈, 시간, 물건 등을 쓰다.

(3) 아버지는 문 앞에 놓인 택배 상자를 집으로 들이셨어요. (   )

(4) 어머니는 방을 꾸미는 데에 많은 노력을 들이셨어요. (   )

나다	① 통로, 창문 등이 생기다.
	② 어떤 사실이나 이름 등이 알려지다.
	③ 계절이나 기간을 보내다.

(5) 개미는 겨울을 무사히 나기 위해서 열심히 먹이를 모았어요. (   )

(6) 이 떡집의 송편은 맛이 좋아서 사람들에게 소문이 났어요. (   )

(7) 숲에 새로 난 길로 많은 사람이 지나다녀요. (   )

제 11 과 상상의 날개(1)

6 움직임을 나타내는 말

 빈칸에 움직임을 나타내는 말을 알맞게 넣어 문장을 완성하세요.

(1) 성준이는 모기를 쫓기 위해서 팔을 크게 휘저었어요.

* 어떤 자리에서 떠나도록 몰아내기.

(2) 얼룩말이 동물원에서 탈출해 큰 소동이 벌어졌어요.

* 위험하거나 갇혀 있는 상황에서 빠져나와.

(3) 가을이 되면 농촌에서는 벼를 수확해요.

* 익은 농작물 등을 거두어들여요.

(4) 요리사는 한식을 외국에 전파했어요.

* 널리 퍼뜨렸어요.

(5) 지수는 자전거 타는 법을 혼자서 터득했어요.

* 깨달아서 알아내었어요.

7 바르게 쓰기

✏️ **밑줄 친 낱말을 바르게 고쳐 쓰세요.**

(1) 길에 돈이 떨어져 있다니, 이게 <u>웬</u> 떡이야?

(2) 울타리가 장미 <u>덩쿨</u>로 뒤덮여 있어요.

(3) 이 물건에는 재미있는 이야기가 <u>얼켜</u> 있어요.

　＊ 이리저리 관련이 되어.

(4) 약을 먹었더니 <u>이틀날</u>에 감기가 싹 나았어요.

(5) 도깨비의 얼굴이 <u>흉칙하게</u> 생겼어요.

　＊ 몹시 사납고 악하게.

(6) 은영이는 매일 1<u>키로미터</u>씩 산책로를 달려요.

제12과 상상의 날개(2)

1 예방

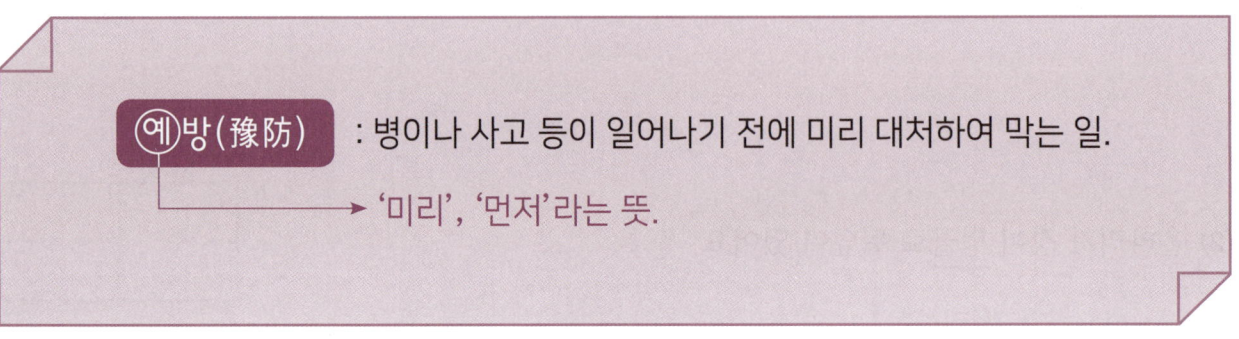

예방(豫防): 병이나 사고 등이 일어나기 전에 미리 대처하여 막는 일.
→ '미리', '먼저'라는 뜻.

✏️ 다음 설명을 읽고 '예'가 들어가는 낱말을 빈칸에 쓰세요.

(1) 현서는 차례만 보고도 이 책이 재미있을 것이라고 □□ㅅ 했어요.

  * 어떤 일을 직접 겪기 전에 미리 생각해 둠.

(2) 지우는 내일 학교에서 배울 부분을 훑어보며 □□ㅅ 을 했어요.

  * 앞으로 배울 것을 미리 익힘.

(3) 예지네 가족은 할머니 댁에 가기 위해서 기차표를 □□ㅁ 했어요.

  * 정해진 때가 되기 전에 미리 삼.

(4) 주원이는 □□사 에 맞춰 사야 할 물건을 골랐어요.

  * 어떤 일에 들어갈 돈을 미리 계산함.

2 누구일까요?

 다음 설명에 알맞은 사람을 빈칸에 쓰세요.

(1) 옛날에, 마을을 다스리던 사람을 백성들이 높여 이르던 말.

(2) 남의 집에 살며 심부름하는 사람.

(3) 신분이 높은 집안의 부인을 높여서 이르는 말.

(4) 임금의 자리를 이을 왕자.

(5) 나라와 임금을 위해 충성을 다하는 신하. 반 간신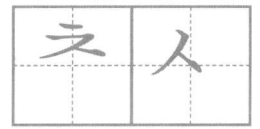

(6) 결혼하지 않은 남의 집 딸을 정중하게 이르는 말.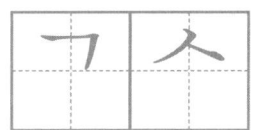

3 -하다

 빈칸에 '-하다'가 들어간 낱말을 알맞게 써 문장을 완성하세요.

(1) 짝꿍이 갖고 있는 필통의 모양이 .

　　＊ 보통 것에 비해 특별히 달라요.

(2) 원준이는 춤을 잘 추기로 소문이 .

　　＊ 여러 사람의 입에 오르내려 떠들썩해요.

(3) 숙제를 안 하고 노니까 기분이 .

　　＊ 마음에 걸려서 싫은 느낌이 있어요.

(4) 매일 지각하던 수빈이가 오늘은 일찍 온 게 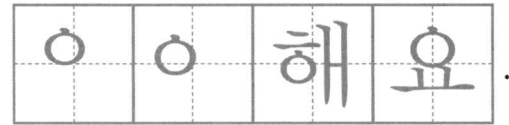.

　　＊ 뜻밖이어서 의심스럽고 이상해요.

(5) 동생이 갑자기 삐쳐서 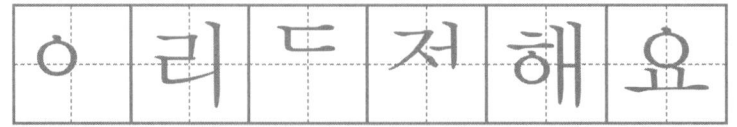.

　　＊ 무슨 까닭인지 잘 몰라서 당황스럽고 멍해요.

성격을 나타내는 말을 빈칸에 알맞게 쓰세요.

(6) 혜민이는 웃음이 많고 |명|랑|해|요|.

  * 밝고 활발해요.

(7) 건우는 급한 상황에서도 항상 |침|착|해|요|.

  * 쉽게 당황하지 않고 차분해요.

(8) 나무꾼은 금도끼와 은도끼를 포기할 정도로 |정|직|해|요|.

  * 마음에 거짓이나 꾸밈이 없이 바르고 곧아요.

(9) 나연이는 어른들의 칭찬에도 늘 |겸|손|해|요|.

  * 남을 존중하고 자기를 내세우지 않는 태도가 있어요.

(10) 형은 웬만한 어른들보다 훨씬 |담|대|해|요|.

  * 겁이 없고 용감해요.

4 준말

✏️ **낱말의 일부분이 줄어든 말을 준말이라고 합니다. 밑줄 친 준말을 빈칸에 풀어 쓰세요.**

(1) 호연이는 <u>요새</u> 키가 부쩍 자랐어요.

(2) 지금 여기서 <u>무얼</u> 하고 있어?

(3) 네가 말한 사람이 <u>얘</u>야?

(4) 잠을 푹 잤더니 감기가 <u>절로</u> 나았어요.

(5) 천둥이 치자 동생은 무서워서 <u>어쩔</u> 줄 몰라 했어요.

(6) 선영이는 한국말이 <u>서툰</u> 외국인을 도와줬어요.

5 꾸며 주는 말

✏️ 빈칸에 꾸며 주는 말을 알맞게 넣어 문장을 완성하세요.

(1) 가면을 쓴 사내가 높은 담을 [훌][쩍] 뛰어넘었어요.

　* 한 번에 가볍게 뛰거나 날아오르는 모양.

(2) 규진이는 유나의 다급한 부탁을 [차][마] 거절할 수 없었어요.

　* 부끄럽거나 안타까워서 함부로.

(3) 석진이는 보름달을 보며 소원을 [간][절][히] 빌었어요.

　* 더없이 정성스러운 마음으로.

(4) 소영이의 바람이 [이][토][록] 빨리 이루어질 줄은 아무도 몰랐어요.

　* 이러한 정도로까지.

(5) 네가 나를 이렇게 [감][쪽][같][이] 속일 줄은 정말 몰랐어.

　* 꾸미거나 고친 것을 남이 알아채지 못할 만큼 티가 나지 않게.

제 12 과　상상의 날개(2)

6 비슷한말

✏️ **밑줄 친 낱말의 비슷한말을 빈칸에 쓰세요.**

(1)
- 교복을 입은 학생들이 <u>무리</u>를 지어 지나갔어요.
- 양 ㄸ 가 풀밭에 모여 있어요.

(2)
- 토끼는 용왕에게 간을 빼앗길 <u>상황</u>에 놓였어요.
- 놀부는 흥부의 ㅊㅈ 를 이해하지 못했어요.

(3)
- 찬혁이는 반을 대표해서 축구 <u>경기</u>에 참여했어요.
- 보검이는 체육관에서 태권도 ㅅㅎ 을 관람했어요.

(4)
- 효진이는 <u>미래</u>에 무엇을 하고 싶은지 곰곰이 생각해 봤어요.
- 우리는 먼 ㅎㄴ 에 다시 만나자고 약속했어요.

(5)
- 보람이는 동생의 <u>잘못</u>을 하나하나 따졌어요.
- 다영이는 친구의 ㅎㅁ 을 모르는 척 덮어 주었어요.

7 낱말 뜻풀이

✏️ **빈칸에 알맞은 말을 넣어서 밑줄 친 낱말의 뜻을 풀이하세요.**

(1) 할아버지는 밭에 방울토마토 <u>모종</u>을 심으셨어요.

* 모종: 옮겨 심으려고 씨앗을 뿌려 가꾼, 벼 이외의 온갖 | 어 | 린 | 식물.

(2) 하늘이 어둑해지더니 소나기가 <u>억수</u>같이 쏟아졌어요.

* 억수: 물을 퍼붓듯이 | ㅅ | ㅊ | 게 | 내리는 비.

(3) 농구 경기에서 상대 팀이 심판을 <u>매수했다</u>는 소문이 퍼졌어요.

* 매수했다는: 돈이나 다른 방법으로 남의 마음을 사서 자신의 | ㅍ | 으로 만들었다는.

(4) 한빈이는 누나가 장난으로 한 말을 <u>곧이듣고</u> 따랐어요.

* 곧이듣고: 말한 그대로 완전히 | ㅁ | 고 |.

(5) 남은 씨앗은 잘 <u>갈무리해</u> 두었다가 내년에 심어 보자꾸나.

* 갈무리해: 물건 등을 잘 정리하거나 | ㅂ | 관 | 해 |.

8 원고지 쓰기

✏️ 다음 문장을 괄호 안의 횟수만큼 띄워서 원고지에 옮겨 쓰세요.

(1) 이사실을나만몰랐을리없어.(5)

(2) 교실안에있던아이들이온데간데없이사라졌어요.(5)

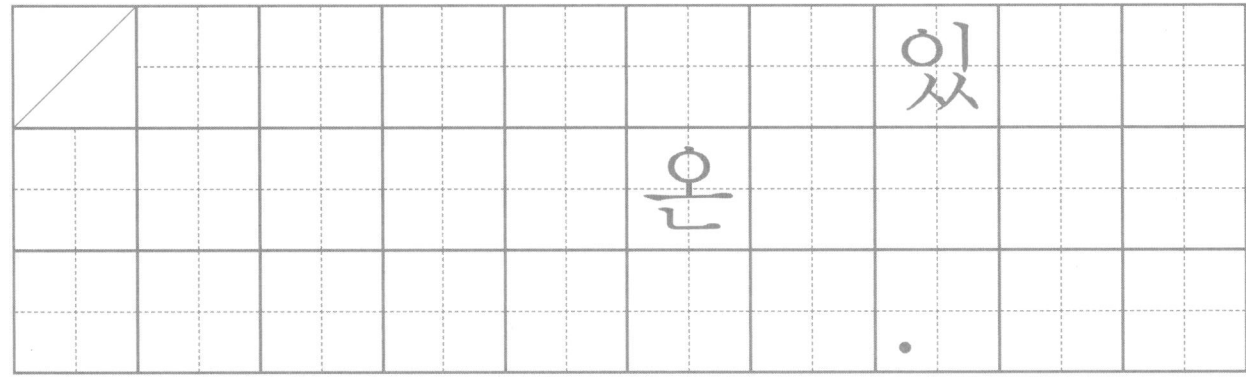

(3) 집에거의다왔을때쯤비가내리기시작했어요.(7)

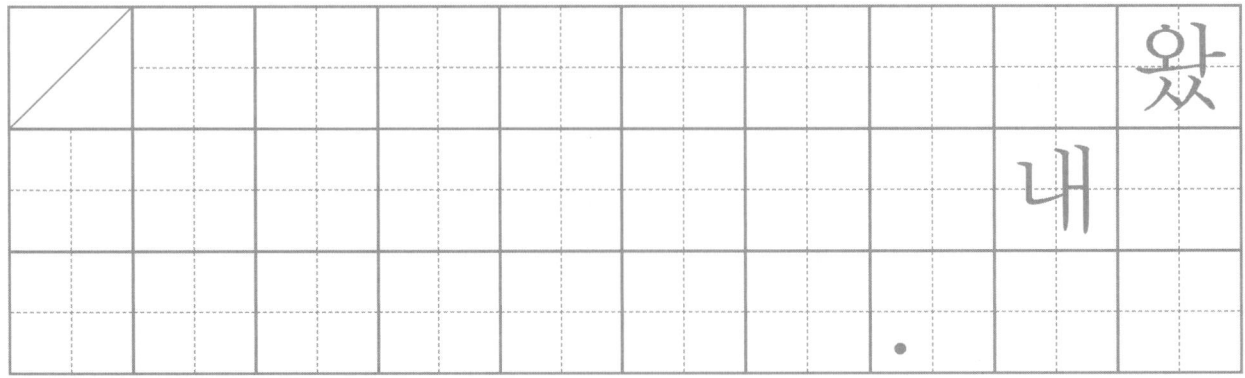

4차 개정판

어린이
훈민정음

기초 문법

띄어쓰기

발음

맞춤법

4-2

어린이 훈민정음 4-2
정답과 해설

본 교재는 어휘력 향상을 위해 만들었지만, 문장 하나하나도 학습에 도움이 되도록 정성을 기울였습니다. 그러므로 교재에 나오는 예시 문장을 자세히 살펴 문장 학습을 하는 데에 이용하시기 바랍니다.

본 교재는 어휘력은 물론, 맞춤법과 발음, 띄어쓰기, 기초 문법, 원고지 사용법 등을 함께 다루고 있습니다.

독서 생각을 나누며 책을 읽어요 5쪽

1. (1) 제목
   (2) 표지
   (3) 머리말
   (4) 차례

2. (1) 주제
   (2) 장면
   (3) 결말
   (4) 등장인물
   (5) 주인공

3. (1) 배신감
   (2) 책임감
   (3) 소비자
   (4) 생산자
   (5) 긍정적
   (6) 습관적

4. (1) 토의
   (2) 기입장
   (3) 유혹
   (4) 기부
   (5) 통장
   (6) 짐작
   (7) 건반
   (8) 의도
   (9) 삼총사
   (10) 사례
   (11) 분류

> (11) '분류'와 '분리'를 혼동하는 경우가 있다. 하지만 문제에서는 '종류'에 따라 나눈다고 하였으므로, '분류'만을 정답으로 한다.
> 분류: 종류에 따라 나눔.
> 분리: 서로 나뉘어 떨어짐.

5. (1) 갑자기
   (2) 실패
   (3) 많은
   (4) 옳은지
   (5) 좋아해요

6. (1) 거리
   (2) 관리
   (3) 역사
   (4) 동아리

제1과 비교하며 읽어요(1) 12쪽

1. (1) 맷돌
   (2) 인두
   (3) 앞치마
   (4) 홍두깨

(5) 사발
(6) 대접
(7) 주걱
(8) 쟁반
(9) 가마솥

2. (1) 아내
(2) 금슬
(3) 임신
(4) 입덧
(5) 몸조리

3. (1) 절약
(2) 비용
(3) 결제
(4) 현금
(5) 도매

4. (1) 부랴부랴
(2) 허겁지겁
(3) 비스듬히
(4) 소담스레
(5) 오롯이
(6) 게다가
(7) 이윽고
(8) 아무튼
(9) 어련히
(10) 행여나
(11) 무작정

5. (1) 효녀
(2) 요정
(3) 키다리
(4) 고령층
(5) 갓난아기

6. (1) 우물
(2) 고궁
(3) 부동산
(4) 관광지
(5) 보금자리

7. (1) 주문
(2) 풍경
(3) 성화
(4) 낙화

8.

	(1)무	용	(6)지	물
(2)모	기		중	
서			(7)해	(8)장
(3)리	(4)본			점
	(5)선	반		

제2과 비교하며 읽어요(2)   22쪽

1. (1) 점퍼
(2) 휠체어
(3) 베레모
(4) 발레리나

(3) '베레모'는 프랑스어 '베레(beret)'와 모자를 뜻하는 한자어 '모(帽)'의 합성어다.

2. (1) 코앞
(2) 눈길
(3) 목덜미
(4) 배앓이
(5) 허리춤

3. (1) 소
(2) 도도하게

(3) 자긍심
(4) 사당
(5) 고사
(6) 액
(7) 앙금
(8) 인수
(9) 얕은수
(10) 비결
(11) 무인 안내기

> (11) '무인 안내기'는 키오스크(kiosk)를 다듬은 말이다. 국립국어원에서는 이외에도 키오스크를 '무인 단말기', '간이 판매대', '간이 매장' 등으로 나타내고 있다.
> ※ 국립국어원 누리집에서 여러 다듬은 말을 찾아볼 수 있다.

4. (1) 침묵
   (2) 속담
   (3) 통역
   (4) 지적
   (5) 입버릇

> (2) 공든 탑이 무너지랴: 공들여 쌓은 탑은 무너질 리 없다는 뜻으로, 힘과 정성을 다하여 한 일은 그 결과가 반드시 헛되지 않음을 비유적으로 이르는 말.

5. (1) 고학년
   (2) 한기
   (3) 막연하게
   (4) 동지
   (5) 소박한

6. (1) 낫다
   (2) 낳지
   (3) 쫓아
   (4) 좇으며
   (5) 담그기
   (6) 담아

7. (1) 석
   (2) 죽
   (3) 멥쌀
   (4) 찹쌀
   (5) 햅쌀
   (6) 공양미

8. (1) 끓여
   (2) 흔들리는
   (3) 불편하게
   (4) 인정
   (5) 아름답게

9. (1)

	십	오	분		정	도		지
나	자		물	이		끓	었	어요.

(2)

	지	우	와		민	정	이	는
떼	려	야		뗄		수		없 는 ∨
사	이	예	요.					

(3)

	운	동	을		하	면		즐	거
울		뿐		아	니	라		건	강
에	도		도	움	이		돼	요.	

> (1) '분', (2) '수', (3) '뿐'과 같은 낱말을 '의존 명사'라고 한다. 이 낱말들은 주로 앞말과 띄어 쓴다.

제3과 우리말 우리글(1) 32쪽

1. (1) 뜰
   (2) 마트
   (3) 항구
   (4) 동굴

2. (1) 메모
   (2) 태그
   (3) 메신저
   (4) 아이디어
   (5) 에스컬레이터

3. (1) ㄷ
   (2) ㅃ
   (3) ㅈ
   (4) ㅊ
   (5) ㅇ
   (6) ㅕ
   (7) ㅗ
   (8) ㅜ
   (9) ㅓ
   (10) ㅛ
   (11) ·

4. (1) 동기
   (2) 보고
   (3) 재수
   (4) 바른

5. (1) ①
   (2) ②
   (3) ②
   (4) ③

> 문제의 오답 풀이
> (2) ③ 궁금해요
> (3) ③ 일사불란하게

6. (1) 벗
   (2) 소감
   (3) 외국인
   (4) 확장
   (5) 유익한

7. (1) 스물
   (2) 서른
   (3) 마흔
   (4) 쉰
   (5) 예순
   (6) 일흔
   (7) 여든
   (8) 아흔

8. (1) 몫
   (2) 부엌
   (3) 맞춤법
   (4) 웃어른
   (5) 빛나는
   (6) 든지

> (4) 위, 아래로 나눌 수 없는 낱말에는 '웃-'을 붙인다.
> 예 웃어른, 웃돈
> 그러나 위, 아래로 나눌 수 있는 낱말에는 각각 '윗-'과 '아랫-'을 붙인다.
> 예 윗사람—아랫사람, 윗입술—아랫입술
> 단, 옷에는 '웃-'과 '윗-' 둘 다 쓸 수 있다.
> 웃옷: 맨 겉에 입는 옷. 비 겉옷, 외투
> 윗옷: 위에 입는 옷. 비 상의
>
> (6) 든지: 앞말이 무엇이건 상관없음을 나타내는 말.
> 예 우리 집에 언제든지 놀러 와.
> -던지: 과거의 일이 뒷말의 원인이 됨을 나타내는 말.
> 예 날씨가 얼마나 덥던지 땀이 비 오듯 쏟아졌어요.

제4과 우리말 우리글(2) 41쪽

1. (1) 신문
   (2) 간판
   (3) 벽화
   (4) 그래프

2. (1) 조리대
   (2) 당시
   (3) 도중
   (4) 고유
   (5) 매력
   (6) 설문
   (7) 면담
   (8) 참고
   (9) 왜곡하지
   (10) 근거하여
   (11) 한세상

3. (1) 소리
   (2) 채소
   (3) 반복
   (4) 그대로
   (5) 부풀려서

4. (1) 연신
   (2) 실로
   (3) 익혀
   (4) 허비하지
   (5) 분명해요

5. (1) ①
   (2) ②
   (3) ①
   (4) ②
   (5) ②
   (6) ③
   (7) ①

6. (1) 양반
   (2) 선비
   (3) 조상
   (4) 교사
   (5) 연구원
   (6) 세종 대왕

7. (1) 수집
   (2) 구성
   (3) 작성
   (4) 인용
   (5) 검토

8. (1)

| 　 | 내 | 일 | 은 | 　 | 학 | 년 | 별 | 로 |
| 글 | 짓 | 기 | 　 | 대 | 회 | 를 | 　 | 해 | 요. |

(2)

	오	늘	은		정	후	가		태
권	도	를		배	운		지		열
흘	째		되	는		날	이	에	요.

(3)

	선	미	는		세		달	여
만	에		영	어	로		말	할
수		있	게		되	었	어	요.

(1) -별: '그것에 따른'의 뜻을 더하는 말. 앞말에 붙여 쓴다.
(2) 지: 어떤 일이 있었던 때부터 지금까지의 동안을 나타내는 말. 앞말과 띄어 쓴다.
  -째: '동안'의 뜻을 더하는 말. 앞말에 붙여 쓴다.
(3) -여: '그 수를 넘음'의 뜻을 더하는 말. 앞말에 붙여 쓴다.

제5과 의견을 모아서(1) 50쪽

1. (1) 공룡
   (2) 도시락
   (3) 햄버거
   (4) 표지판

2. (1) 관람객
   (2) 불청객
   (3) 안내문
   (4) 기행문
   (5) 전시품
   (6) 골동품

3. (1) 훼방
   (2) 저자
   (3) 개방
   (4) 짙은
   (5) 제외한

4. (1) 베어
   (2) 배어
   (3) 빈도
   (4) 농도
   (5) 바쳐
   (6) 받쳐

5. (1) ②
   (2) ①
   (3) ②
   (4) ①
   (5) ③
   (6) ①
   (7) ②

6. (1) 우선
   (2) 한바탕
   (3) 의외로
   (4) 번번이
   (5) 상관없이

7. (1) 조화
   (2) 사고
   (3) 전달
   (4) 한눈

8.
(1)소	재		(9)개
나		(8)요	(7)일
(2)기	(3)준		석
	(4)공	(5)개	이
		(6)최	고	조

제6과 의견을 모아서(2) 58쪽

1. (1) 복도
   (2) 쉼터
   (3) 강당
   (4) 유원지
   (5) 아파트

2. (1) 교장
   (2) 장단
   (3) 단지
   (4) 명작
   (5) 작별
   (6) 별장
   (7) 장래

3. (1) 혜택
   (2) 피구

(3) 미술
(4) 화석
(5) 대표
(6) 돗자리
(7) 감탄사
(8) 기념
(9) 되돌아보니
(10) 미세 먼지
(11) 자율 주행

> (11) '자율 주행'은 표준국어대사전에는 없는 말이다. 그러나 교과서에 실려 문제로 다루었다.

4. (1) 물
(2) 자신
(3) 원래
(4) 순서
(5) 갑자기

> (1) '붇어'는 '붇다'의 활용형이다. 이처럼 어간(활용할 때에 변하지 않는 부분)에 모음으로 시작하는 어미(변하는 부분)가 결합할 때, 받침 'ㄷ'이 'ㄹ'로 바뀌는 현상을 'ㄷ 불규칙 활용'이라고 한다.
> 예) 걷다 – 걷고, 걸으니, 걸어
>   묻다 – 묻고, 물으니, 물어

5. (1) 진심
(2) 마땅한
(3) 체험
(4) 자연스럽게
(5) 조마조마해요

6. (1) 요즈음
(2) 조금
(3) 노을
(4) 머무르다
(5) 디디고
(6) 막대기

7. (1)
| / | 한 | 번 | | 습 | 관 | 을 | | 들 | 이 |
| 면 | | 고 | 치 | 기 | | 힘 | 들 | 어 | . |

(2)
/	우	리		모	두		다		함
께		박	수	를		치	며		축
하	해		줍	시	다	.			

(3)
/	전	학	을		온		지		하
루	밖	에		안		되	어	서	
친	구	들	이		어	색	해	요	.

> (1) 한번: ① 지난 어느 때나 기회.
> ② 어떤 일을 시험 삼아 시도함을 나타내는 말.
> ③ 기회 있는 어떤 때에.
> ④ 어떤 행동이나 상태를 강조하는 뜻을 나타내는 말.
> ⑤ 일단 한 차례.
> 위와 같은 뜻으로 쓰는 '한번'은 한 낱말이므로 붙여 쓴다. 하지만 '횟수'를 뜻할 때에는 다음과 같이 띄어 쓴다.
> 예) 한 번, 두 번, 세 번, 네 번
>
> (3) 밖에: '그것 말고는'의 뜻을 나타내는 말로, 앞말과 붙여 쓴다. 주로 뒤에 부정을 나타내는 말이 쓰인다.
> 예) 가진 돈이 천 원밖에 없었어요.
> 하지만 '바깥'을 의미하는 낱말 '밖' 뒤에 장소를 나타내는 말 '에'가 붙어 쓰일 때에는 앞말과 띄어 쓴다.
> 예) 성진아, 집 밖에 누가 왔는지 보렴.

매체 자료를 활용하여 발표해요 66쪽

1. (1) 주차
(2) 경적
(3) 핸들
(4) 트렁크
(5) 브레이크

2. (1) 백두산
   (2) 제주도
   (3) 독도
   (4) 성인봉
   (5) 불국사

3. (1) 줄타기
   (2) 흔적
   (3) 현황
   (4) 통계
   (5) 곡예
   (6) 다문화
   (7) 수정해
   (8) 수월해요
   (9) 혼잡해요
   (10) 해발 고도
   (11) 어릿광대

제7과 책 속의 길을 따라(1)　70쪽

1. (1) 두더지
   (2) 선인장
   (3) 리코더
   (4) 코르크

2. (1) 유행
   (2) 행주
   (3) 주전자
   (4) 선박
   (5) 박수
   (6) 수거
   (7) 거절

3. (1) 언뜻
   (2) 우물쭈물
   (3) 말똥말똥
   (4) 설레설레
   (5) 헐레벌떡

4. (1) ②
   (2) ③
   (3) ①
   (4) ②

문제의 오답 풀이
(1) ① 순서
(2) ① 굽신거릴
(3) ② 얕보는

5. (1) 도
   (2) 동시
   (3) 가정
   (4) 입장

6. (1) 진찰
   (2) 전염
   (3) 처방전
   (4) 항생제
   (5) 마스크

7. (1) 근처
   (2) 상관
   (3) 새순
   (4) 조리
   (5) 버릇

8. (1) 심고
   (2) 무쳐
   (3) 개봉해
   (4) 채취해
   (5) 재촉하지

9. (1) 눈곱
   (2) 짚고

(3) 묻혀
(4) 황록색
(5) 벌겋게
(6) 짙어지고

> (2) 짚다: 바닥, 벽, 지팡이 등에 몸을 의지하다.
> 집다: 손가락이나 발가락으로 물건을 잡아서 들다.
> (3) 묻히다: 물건이 흙이나 다른 물건 속에 넣어져 보이지 않게 덮이다.
> 무치다: 나물 등에 여러 양념을 넣고 골고루 한데 뒤섞다.
> (4) 초록색을 뜻하는 한자어 '綠(록)'은 단어의 첫머리에 올 때에는 두음 법칙에 따라 '녹'으로 적는다.
> 예 녹황색(綠黃色)
>
> 두음 법칙: 일부 소리가 단어의 첫머리에 발음되는 것을 꺼려 나타나지 않거나 다른 소리로 발음되는 일. 'ㅣ, ㅑ, ㅕ, ㅛ, ㅠ' 앞에서의 'ㄹ'과 'ㄴ'이 없어지고, 'ㅏ, ㅗ, ㅜ, ㅡ, ㅐ, ㅔ, ㅚ' 앞의 'ㄹ'은 'ㄴ'으로 변한다.
>
> 하지만 단어의 첫머리 이외의 자리에 올 때에는 원래 소리대로 적는다.
> 예 황록색(黃綠色)

제8과 책 속의 길을 따라(2) 79쪽

1. (1) 건물, 폐건물
   (2) 가구, 폐가구
   (3) 냉장고, 폐냉장고
   (4) 의약품, 폐의약품

2. (1) 대고
   (2) 데었어요
   (3) 거쳐요
   (4) 걷히고
   (5) 늘려
   (6) 늘였다

3. (1) 뿌듯해요
   (2) 민망해요
   (3) 막막해요
   (4) 불쾌해요
   (5) 억울해요

4. (1) 판소리
   (2) 추궁
   (3) 공터
   (4) 충고
   (5) 소비 기한
   (6) 재질
   (7) 후손
   (8) 번식
   (9) 인류
   (10) 산업
   (11) 원칙

> (5) 예전에는 식품과 같은 상품에 '유통(상품이 생산자에게서 소비자에게 도달하기까지의 여러 과정) 기한'이 적혀 있었다. 하지만 소비자 중심에서 사용할 수 있는 최종 시기를 표현하고자 2023년 1월 1일부터는 '소비 기한'으로 표시하게 되었다. 다만, 우유 등 일부 제품은 2031년부터 적용된다.

5. (1) 무지
   (2) 빤히
   (3) 곧잘
   (4) 마냥
   (5) 워낙

6. (1) 허락
   (2) 마중
   (3) 낭비
   (4) 손해
   (5) 수출

7. (1) 가르치는
   (2) 풀
   (3) 빨리
   (4) 바르게

(5) 자랑해요

8. (1)

	내가	해냈듯이	너
도	할 수	있어.	

(2)

	고추보다	더	매운 ∨
떡볶이를	먹어	본	
적	있니?		

(3)

	지웅이는	귀신을	
본	듯이	잔뜩	겁에 ∨
질려	있었어요.		

> (1) -듯이: 뒤 내용이 앞 내용과 거의 같음을 나타내는 말. 움직임을 나타내는 말이나 성질·상태를 나타내는 말에 붙여 쓴다.
> 예 비가 <u>오듯이</u> 땀이 흐른다.
>
> (2) '적'은 '지나간 어떤 때'를 뜻하는 말로, 앞말과 띄어 쓴다.
>
> (3) 듯이: 비슷하거나 같은 정도의 뜻을 나타내는 말. '-ㄴ(은, 는)'이나 '-ㄹ(을)'로 끝나는 말 뒤에 띄어 쓴다.
> 예 비가 <u>온 듯이</u> 땅이 축축하다.

제9과 오가는 마음(1) — 88쪽

1. (1) 기기
   (2) 장소
   (3) 상대
   (4) 그림말

> (4) '그림말'은 '이모티콘(emoticon)'의 다듬은 말이다.

2. (1) 매겨
   (2) 인쇄해
   (3) 방문했어요
   (4) 추천했어요
   (5) 경청했어요

3. (1) 댓글
   (2) 혐오
   (3) 소문
   (4) 눈치
   (5) 저작권
   (6) 독감
   (7) 다짐
   (8) 짜임
   (9) 텃밭
   (10) 공유
   (11) 떳떳하게

> (6) '독감'은 인플루엔자 바이러스에 의해 일어나는 감기를 뜻한다. 하지만 이러한 뜻풀이는 학습자에게 어려울 수 있어 본문에서는 '매우 심한 감기'로 뜻을 주었다.

4. (1) 설렁탕
   (2) 신선로
   (3) 약과
   (4) 다식

5. (1) 임자
   (2) 과제
   (3) 동의
   (4) 유명
   (5) 탁한

6. (1) 붙였어요
   (2) 부쳤어요
   (3) 잃고
   (4) 일고
   (5) 다려
   (6) 달여

7.

		⁽¹⁾역	전	
	⁽²⁾장	사		
⁽³⁾비	난		⁽⁶⁾달	력
웃		⁽⁵⁾악	성	
⁽⁴⁾음	료	수		

제10과 오가는 마음(2)   96쪽

1. (1) 갓
   (2) 감투
   (3) 짚신
   (4) 나막신

2. (1) 작가
   (2) 장군
   (3) 손자
   (4) 박사
   (5) 악동
   (6) 위인

3. (1) 통
   (2) 답장
   (3) 안부
   (4) 추신
   (5) 집배원
   (6) 주소
   (7) 우편 번호
   (8) 수신자
   (9) 우표

4. (1) 할아버지께
   (2) 계시지요
   (3) 주셔서(주시어서)
   (4) 제가
   (5) 올림(드림)

> (1) 편지의 첫 부분에는 받을 사람을 적는다. 이때, 받을 사람이 자신보다 나이나 계급이 높다면 받을 사람의 이름 뒤에 '께'나 '귀하'를 쓴다.
> (2) '있다'의 높임 표현은 '계시다'다.
> (3) '주(다)-'에 높임을 나타내는 '-(으)시-'를 붙인다.
> (4) 상대를 높이기 위해 자신을 낮추어 나타내기도 한다. '제(저)'는 '나'를 낮춘 표현이다.
> (5) 쓴 사람을 적을 때, 편지를 받는 사람이 자신보다 나이나 계급이 높다면 이름 뒤에 '올림', '드림' 등을 쓴다.

5. (1) 유독
   (2) 한결
   (3) 즉각
   (4) 다급히
   (5) 무심코

6. (1) 벌
   (2) 일기
   (3) 의사
   (4) 초대

7. (1)

	그	렇	게		하	면		시	간
이		오	래		걸	릴		텐	데.

(2)

	다	음		달	에		있	을
체	육		대	회	가		무	척
기	대	돼	요.					

(3)

	이	걸		받	고		좋	아	할 ∨
네		모	습	이		눈	에		보
이	는		것	만		같	았	어.	

(1) 터: '예정'이나 '추측'의 뜻을 나타내는 말. 앞말과 띄어 쓴다.
'텐데'는 '터인데'가 줄어든 말이다.

제11과 상상의 날개(1) 104쪽

1. (1) 수레
   (2) 지게
   (3) 아궁이
   (4) 허수아비

2. (1) 옥상
   (2) 상인
   (3) 구조
   (4) 조약돌
   (5) 돌담
   (6) 담요
   (7) 요술

3. (1) 탐
   (2) 검지
   (3) 정체
   (4) 아름
   (5) 백발백중
   (6) 솜씨
   (7) 엄벌
   (8) 명성
   (9) 잠결
   (10) 양심
   (11) 전속력

4. (1) ─ ㄴ
   (2) ─ ㄱ
   (3) ─ ㄷ
   (4) ─ ㅁ
   (5) ─ ㄹ

5. (1) ①
   (2) ②
   (3) ①
   (4) ②
   (5) ③
   (6) ②
   (7) ①

6. (1) 쫓기
   (2) 탈출해
   (3) 수확해요
   (4) 전파했어요
   (5) 터득했어요

7. (1) 웬
   (2) 덩굴(넝쿨)
   (3) 얽혀
   (4) 이튿날
   (5) 흉측하게
   (6) 킬로미터

(1) '어찌 된', '어떠한'과 관련한 뜻으로 쓰일 자리에는 '웬'을 적는다.
예 웬 비가 이렇게 많이 오지?
웬 개가 저를 졸졸 따라왔어요.
하지만 '까닭(이유)'과 관련한 뜻으로 쓰일 자리에는 '왠-'을 적는다.
예 네가 왠지 기뻐 보여.
(왠지: '왜인지'의 준말.)

(2) '덩굴'과 '넝쿨'은 복수 표준어다.
복수 표준어: 한 의미를 나타내는 몇 형태가 널리 쓰일 때, 규칙에 맞는 것을 모두 표준어로 인정하는 것.

제12과 상상의 날개(2) 112쪽

1. (1) 예상
   (2) 예습
   (3) 예매
   (4) 예산

2. (1) 사또
   (2) 하인
   (3) 마님
   (4) 세자
   (5) 충신
   (6) 규수

3. (1) 특이해요
   (2) 자자해요
   (3) 찜찜해요(찝찝해요)
   (4) 의아해요
   (5) 어리둥절해요
   (6) 명랑해요
   (7) 침착해요
   (8) 정직해요
   (9) 겸손해요
   (10) 담대해요

4. (1) 요사이
   (2) 무엇을
   (3) 이 아이
   (4) 저절로
   (5) 어찌할
   (6) 서투른

5. (1) 훌쩍
   (2) 차마
   (3) 간절히
   (4) 이토록
   (5) 감쪽같이

6. (1) 떼
   (2) 처지
   (3) 시합
   (4) 훗날
   (5) 허물

7. (1) 어린
   (2) 세차게
   (3) 편
   (4) 믿고
   (5) 보관해

8. (1) 이 사실을 나만 몰랐을 리 없어.

   (2) 교실 안에 있던 아이들이 온데간데없이 사라졌어요.

   (3) 집에 거의 다 왔을 때쯤 비가 내리기 시작했어요.

   (1) 리: '까닭'이나 '이치'의 뜻을 나타내는 말. 앞말과 띄어 쓴다.
   (2) '온데간데없이'는 '감쪽같이 모습을 감춰 찾을 수가 없게'라는 뜻을 지닌 한 낱말이다.
   (3) -쯤: '대강 그만큼'의 뜻을 나타내는 말. 앞말에 붙여 쓴다.